电子商务类专业
创新型人才培养系列教材

微课版
★
第 3 版

SEO 搜索引擎优化

基础、案例与实战

解新华 陈亮 / 主编　　陶玲 姚韩芳 黄希 张凡永 / 副主编

人民邮电出版社
北　京

图书在版编目（CIP）数据

SEO搜索引擎优化 ：基础、案例与实战 ：微课版 ：第3版 / 解新华，陈亮主编. -- 3版. -- 北京 ：人民邮电出版社，2023.11（2024.2重印）
电子商务类专业创新型人才培养系列教材
ISBN 978-7-115-62651-6

Ⅰ. ①S… Ⅱ. ①解… ②陈… Ⅲ. ①搜索引擎－系统最优化－高等学校－教材 Ⅳ. ①G254.928

中国国家版本馆CIP数据核字(2023)第170047号

内 容 提 要

本书系统地介绍了搜索引擎优化（SEO）的方法。全书共 11 章，内容包括 SEO 概述、SEO 的前期准备工作、网站结构优化、网站页面优化、网站链接优化、网站关键词优化、网站内容优化、常用 SEO 工具、移动端网站 SEO、搜索引擎营销（SEM）和数据监测与分析。

本书内容丰富、实战性强，以数据化思维为导向，运用成功的实战案例进行讲解，不仅可以让读者了解 SEO 的基础知识，还可以帮助读者掌握使用 SEO 提高网站排名和增加网站流量的方法。

本书不仅可以作为高等职业院校电子商务、网络营销与直播电商、市场营销等专业相关课程的教材，也可以作为网店商家、个人站长及网络营销等相关从业人员的参考书。

◆ 主　编　解新华　陈　亮

　　副主编　陶　玲　姚韩芳　黄　希　张凡永

　　责任编辑　白　雨

　　责任印制　王　郁　彭志环

◆ 人民邮电出版社出版发行　　北京市丰台区成寿寺路 11 号

　　邮编　100164　　电子邮件　315@ptpress.com.cn

　　网址　https://www.ptpress.com.cn

　　涿州市京南印刷厂印刷

◆ 开本：787×1092　1/16

　　印张：13　　　　　　　　　2023 年 11 月第 3 版

　　字数：304 千字　　　　　　2024 年 2 月河北第 2 次印刷

定价：49.80 元

读者服务热线：(010)81055256　印装质量热线：(010)81055316
反盗版热线：(010)81055315
广告经营许可证：京东市监广登字 20170147 号

前言
FOREWORD

随着搜索引擎技术的不断发展，企业逐渐摆脱了传统的以广播、电视、报纸等为主要媒介的市场营销方式，转而使用搜索引擎开展营销，并将其作为企业综合营销战略中不可或缺的重要部分。当然，搜索引擎环境下企业的市场营销也面临着新的机遇与挑战，企业想要获得新机遇，谋求新发展，就需要培养"下得去、留得住、用得好"的搜索引擎营销人才，这也是高校电子商务专业和市场营销专业人才培养的一个重要方向。党的二十大报告明确提出"必须坚持科技是第一生产力、人才是第一资源、创新是第一动力"。为了适应日新月异的搜索引擎营销环境，落实国家发展战略方针，培育精准对接市场需求的营销人才，我们对《SEO 搜索引擎优化：基础、案例与实战（第 2 版）》内容进行了更新和调整，包括 SEO 方法和案例的更新、职业素养的添加等，以帮助读者更好地将新方法和新思维运用到网站的 SEO 中，成为符合市场需求的专业型人才。

※本书特色

在对众多本科院校、职业院校目前教学方式、教学内容等方面进行调研的基础上，我们有针对性地修订和完善了本书。本书特色介绍如下。

- 专业讲解：搜索引擎优化内容繁杂，本书从初学者的角度出发，不仅注重理论性，还重视实用性和操作性，通过专业的体系结构划分和讲解，将难以理解的理论知识变成能够轻松阅读和上手操作的内容。

- 实践应用：本书在知识讲解过程中设计了"拓展案例"栏目，用于对知识点进行案例实操，在每章章末设计了"本章实训"板块，用于训练读者的实际动手能力。

- 知识拓展：为了帮助读者理解与解决可能遇到的问题，本书通过二维码补充了一些知识，并设计了"经验之谈"栏目，用于拓展讲解知识，让读者学得更多、更深。

- 素养提升：本书设计了"职业素养"特色栏目，旨在引导读者形成良好的学习习惯，培养正确的工作态度和大局观，提升职业素养，增强综合竞争力。

- 微课视频：本书为涉及的部分操作内容提供了微课视频，这些视频以二维码的形式呈现，读者只需使用手机扫描二维码即可观看详细视频讲解。

- 配套齐全：本书提供教学大纲、教学教案、题库、PPT 课件等配套资源，用书老师可以访问人邮教育社区（http://www.ryjiaoyu.com/），搜索书名并下载相关资源。

※本书内容

全书共有 11 章，各章内容分别如下。

- 第 1 章：主要介绍 SEO 的基础知识，包括认识 SEO、认识搜索引擎、搜索引擎的工作原理、搜索引擎的使用方法和搜索引擎的算法等内容。

- 第 2 章：主要介绍 SEO 的前期准备工作，包括 SEO 项目分析、选择网站域名和选择网站服务器等内容。

- 第 3 章：主要介绍网站结构的优化，包括网站物理结构的类型及优化、网站链接结构优化、避免"蜘蛛陷阱"、限定抓取范围、设置网站地图、URL 优化和 404 页面等内容。

- 第 4 章：主要介绍网站页面的优化，包括网页标题优化、Meta 标签优化、图片优化、H 标签优化、网页视频优化和网页代码优化等内容。
- 第 5 章：主要介绍网站链接的优化，包括链接的基础知识、内部链接的优化、外部链接的优化、添加友情链接和处理死链接等内容。
- 第 6 章：主要介绍网站关键词的优化，包括认识关键词、关键词的优化策略和关键词的优化效果评估等内容。
- 第 7 章：主要介绍网站内容的优化，包括 SEO 指导下的网站内容建设、网站内容标题的撰写、网站内容正文的撰写和网站内容的更新等。
- 第 8 章：主要介绍常用 SEO 工具的使用方法，包括 SEO 综合查询工具、百度统计和百度指数等的使用方法。
- 第 9 章：主要介绍移动端网站的 SEO，包括移动端网页的发展趋势、移动端网页的版式设计和移动端网站的优化等内容。
- 第 10 章：主要介绍搜索引擎营销（SEM）的知识，包括认识 SEM、搜索推广、搭建搜索推广账户、关键词设置、创意设置、账户数据分析等内容。
- 第 11 章：主要介绍数据的监测与分析，包括监测与分析网站流量、监测与分析用户访问数据、分析网站日志、统计与分析关键词排名等内容。

※作者团队

本书由江西外语外贸职业学院解新华、陈亮担任主编，陶玲、姚韩芳、黄希、张凡永担任副主编。其中，解新华负责编写第 1~6 章，陈亮负责编写第 7 章，陶玲负责编写第 8 章，姚韩芳负责编写第 9 章，黄希负责编写第 10 章，张凡永负责编写第 11 章。尽管编者在本书的编写与出版过程中精益求精，但由于水平有限，书中难免有疏漏和不足之处，敬请广大读者批评指正。

编者

2023 年 10 月

目录
CONTENTS

第 9 章 移动端网站 SEO ……………… 148

第 10 章 搜索引擎营销（SEM）……… 162

第 1 章　SEO 概述

本章导读

　　企业为什么要进行搜索引擎优化（SEO）呢？相关数据显示，80%的互联网用户通过搜索引擎获取信息。因此，对网站进行 SEO 能够让企业的网站排名更靠前，从而获得更多的流量。总的来说，SEO 是一种低成本、有效且持久的企业网站推广方式。本章将详细介绍 SEO 和搜索引擎的基础知识，包括 SEO 的定义、常用专业术语、基本步骤，以及搜索引擎的工作原理、使用方法和算法等内容。

学习目标

| 熟悉 SEO 的基本知识
| 掌握搜索引擎的基本知识
| 熟悉搜索引擎的工作原理
| 掌握搜索引擎的使用方法
| 熟悉搜索引擎的算法
| 能够使用搜索引擎搜索所需的资料
| 能够使用搜索引擎指令查询相关的内容
| 培养分析、解决问题的能力，能够通过 SEO 提高网站排名
| 培养收集与分析信息的敏感性和洞察力，能够为 SEO 提炼关键信息

1.1 认识 SEO

搜索引擎是根据用户需求在互联网中检索信息并将信息反馈给用户的一种搜索方式，这种搜索方式可以让用户在海量的互联网信息中快速获得所查询的信息。而为了让搜索引擎呈现在用户眼前的信息排名更靠前，更好地对企业的产品或服务进行营销，企业往往会通过搜索引擎优化（Search Engine Optimization，SEO）对网站进行推广。

扫一扫

微课视频

1.1.1 SEO 的定义

SEO 是一种对网站进行内部调整及站外优化，使其满足搜索引擎的检索规则且对用户更友好，从而使网站更容易被搜索引擎收录，提高其在搜索结果页中的排名，为网站带来更多的免费精准流量，产生直接营销行为或者品牌推广效果的技术。

SEO 首先需要研究搜索引擎是如何抓取互联网中的网页和文件的，其次需要了解搜索引擎的排名规则，然后有针对性地对网站进行优化，从而使其有更多的内容被搜索引擎收录，并在不同的关键词中获得更高的排名，进而增加网站的访问量。

SEO 也是网络营销的一种方式，它可以将目标内容（广告、产品、品牌）更好地传递给目标用户，为企业的网络营销活动带来更多的流量和潜在用户。

1.1.2 为什么要做 SEO

SEO 的主要作用是通过了解各类搜索引擎的排名规则，对网页进行相关优化，从而提高网页在搜索结果页中的排名，增加网站的访问量，进而提高网站的曝光度和知名度。下面将从 SEO 的价值和对各类网站的作用两个方面介绍 SEO 的意义。

1. SEO 的价值

表面上看，SEO 不会为网站带来直接收益，但这并不代表 SEO 不重要。相反，SEO 可以为网站带来大量、稳定的用户，用户在网站中消费后就能产生直接的经济价值。归纳起来，SEO 可以提高网站的关键词搜索排名、增加网站访问流量、提高品牌知名度。

- **提高网站关键词搜索排名**｜SEO 可以提高网站各方面的综合性能，从而提高网站关键词在搜索引擎中的排名。
- **增加网站访问流量**｜关键词排名提高会带来网站访问流量的增加，进而促使流量转化为成交额。
- **提高品牌知名度**｜网站访问流量的提升会增加网站的曝光度，进而促进产品的推广宣传，最终提高品牌知名度。

拓展案例

> 成都某健身中心对其网站进行 SEO，包括关键词、结构、网页、链接和内容等多个方面。优化后，该健身中心的网站在搜索引擎中的收录量增加，关键词排名也有所提高。例如，当用户搜索"成都健身"关键词时，该健身中心的网站出现在搜索结果的第一页，吸引了更多用户浏览网站，从而增加了用户了解和咨询该健身中心的可能性。这也间接增加了网站的转化率，为该健身中心带来了更大的收益。

2．SEO 对各类网站的作用

目前 SEO 已应用到各行各业的网站中，对不同类型的网站都发挥着至关重要的作用。

- **SEO 对企业网站的作用**｜企业网站在进行 SEO 后，不仅可以增加网站的流量，还可以提高流量的质量。这些高质量的流量一般是企业的潜在用户带来的，当潜在用户通过企业网站了解到企业的产品或服务等信息后，就有可能成为该企业的直接用户。
- **SEO 对电子商务网站的作用**｜电子商务网站就像是一个商店，必须有顾客，才能形成销售。电子商务网站在进行 SEO 后，可以借助搜索引擎向更多的潜在顾客展示自己的产品，这不仅可以节省巨额的广告费用，还可以提高产品销量。
- **SEO 对个人网站的作用**｜个人网站由于资金有限，需要成本低、效果好的推广方式，而 SEO 正好可以满足这种需要。

1.1.3　SEO 的常用专业术语

网站进行 SEO 不仅可以获得比较靠前的排名，还能使网站的每个页面都获得流量，产生成交转化的机会。而要具体开展 SEO 工作，还需要了解一些专业术语，具体包括如下几点。

- **白帽 SEO**｜白帽 SEO 是一种公正的手法，是符合主流搜索引擎发行方针的 SEO 方法。白帽 SEO 一直是业内公认的效果较好的 SEO 手法，它是在避免一切风险的情况下进行操作的，同时也避免了与搜索引擎发行方针发生冲突。
- **黑帽 SEO**｜黑帽 SEO 就是作弊的意思，所有的作弊手段或可疑手段，都可以称为黑帽 SEO，如垃圾链接、隐藏网页、桥页（也叫门页、跳页，是软件自动生成的包含大量关键词的网页）和关键词堆砌等。黑帽 SEO 不符合主流搜索引擎发行方针，其主要的特点是短平快，它为了短期利益而不惜采用作弊的方法，会随时因为搜索引擎算法的改变而面临惩罚。
- **灰帽 SEO**｜灰帽 SEO 是介于白帽 SEO 与黑帽 SEO 之间的中间手法，相对于白帽 SEO 而言，灰帽 SEO 会采取一些取巧的方式进行操作，这些操作行为不算违规，但同样也不遵守规则，属于灰色地带。
- **PR（PageRank）值**｜PR 值是用来标识网站等级或重要性的一个数值，级别为 0~10 级，10 级为满分。PR 值高表明网站非常重要。例如，一个网站的 PR 值为 1 级，表明这个网站不太重要，而一个网站的 PR 值为 7~10 级，说明这个网站极其重要。
- **百度权重**｜百度并没有公开发布每个网站在百度中的权重值，而所谓的百度权重，是爱站网、站长工具网等网站通过检测得到该网站在百度中的排名和流量等数据，再以相应的公式对这些数据进行加权计算而得出的一个数值。该数值的取值范围为 0~10，数值越大，权重越高。通过该数值，用户可以很方便地了解网站在百度中的重要程度。

1.1.4　SEO 的基本步骤

网站在进行 SEO 前必须经过一系列的分析步骤。实际上，网站进行 SEO 并非简单地发送链接和更新网站的文章，而是一项比较系统的工作，需要 SEO 人员在优化的过程中不断总结和分析，摸索出适用于网站 SEO 的方法。

网站的 SEO 过程可以采用 PDCA 循环方法。PDCA 循环又称为质量环，是全面质量管理和优化所要遵循的一种科学程序。

PDCA 由英语单词 Plan（计划）、Do（执行）、Check（检查）和 Act（修正）的首字母组成。Plan 是指方针、目标和活动计划；Do 是指根据制订的计划设计具体的方案执行操作，从而实现计划中的内容；Check 是指总结和分析执行计划的结果；Act 是指对总结结果的处理，对成功解决的问题加以提取、推广和标准化，将还未解决的问题提交到下一个 PDCA 循环中去解决。

PDCA 循环也可以应用于网站 SEO 中，如图 1-1 所示。首先，诊断网站目前存在的问题，并制订相应的 SEO 计划；其次，执行 SEO 计划，且为了提高优化的效率，采用统计表的形式对任务进行细化；再次，检测网站 SEO 的效果，通过数据统计分析网站优化的情况；最后，总结这一轮 PDCA 循环存在的不足，并在下一轮 PDCA 循环中加以补足，以不断提升网站 SEO 的效果。

图 1-1 | 网站 SEO 的 PDCA 循环

1．制订 SEO 计划

制订 SEO 计划的基础是全面分析和衡量网站需要优化的项目，对网站目前存在的问题进行综合性的诊断。网站问题的诊断是为网站 SEO 服务的。一般来说，网站问题的诊断包括以下 5 个方面。

（1）前期准备

要对一个全新的网站进行 SEO，首先需要对整个网站进行 SEO 项目分析，也就是确定一个明确的目标，例如，要建设什么类型的网站、网站的关键词是什么、有什么推广目标、用户群体是哪些等；然后确定网站的域名、服务器和网站系统是否适合 SEO。做好这些前期准备，不仅可以为后面的工作带来便利，还可以提高网站对搜索引擎的友好度，加快搜索引擎对网站页面的收录速度。

（2）关键词

对于任何一个网站来说，关键词都是影响网站 SEO 的一个至关重要的因素。关键词代表了网站的市场定位，那么关键词的优化就需要有合理的定位。

（3）网站结构

网站结构相当于网站的骨架。合理的网站结构能够正确表达网站的基本内容以及内容之间的层次关系。要分析网站结构，首先要清楚网站结构的类别，然后才能对不同类别的网站结构进行优化。

（4）网站页面

网站页面包含网页程序、内容、板块等多方面内容。对其进行优化和调整，使其符合搜索引擎的检索标准，可以提高网站在搜索引擎中的排名。网站页面问题的诊断主要是查看标题设置得是否合理、Meta 标签设置得是否到位、图片的属性是否合适以及视频设置得是否全面等。

（5）网站链接

网站链接是引导用户浏览网站的路径，同时也是引导搜索引擎抓取网页的途径。网站链接能够传递网站的权重，是网站的灵魂。因此，在网站建设的过程中一定要做好网站链接的诊断与优化。网站链接的诊断主要是内部链接和导入链接的诊断。

综上所述，网站问题的诊断涵盖了网站 SEO 的各个方面，可以使 SEO 人员及时了解网站存在的问题，减少因贻误时机而造成的损失，进而才能根据发现的问题制订合理的 SEO 计划。SEO 计划应包括关键词优化策略、内容优化、结构优化、技术优化和外部因素优化等内容，并且，为了提高网站 SEO 的效率，SEO 人员还可以制订一个完整的 SEO 任务计划表，细化优化指标，明确各任务的工作并及时跟进优化进度。

2．执行 SEO 计划

制订 SEO 计划后，接下来就需要执行 SEO 计划，即根据第一步制订的 SEO 计划，优化和改进网站。

3．检测 SEO 效果

网站的 SEO 计划设计是否合理、目标是否完成、计划是否需要改进，都要通过实际的检测才能有明确的判断。

一般来说，SEO 指标的检测是以实际的优化效果来判定的。在网站 SEO 过程中会有很多数据指标，主要包括网站收录、网站排名、外部链接检测和转化率等。

SEO 人员可以创建网站流量统计表、网站关键词排名统计表等表格，记录不同时期网站的流量、关键词排名和其他业务数据，用于进行比较和分析。

经验之谈

在实际的网站指标检测过程中，有一个很大的认知误区，即单方面认为网站排名就是最终目标。实际上对于企业来说，提高网站排名只是网站 SEO 的参考指标之一，提高网站的销售业务能力才是最终目的。因此，在优化的过程中，企业关注转化率指标的变化是非常有必要的。

4．修正 SEO 计划

完成 SEO 指标的检测后，总结 SEO 计划中效果不显著的地方，或者优化过程中出现的新问题，为下一轮的 PDCA 循环提供依据，并修正 SEO 计划。

1.2 认识搜索引擎

在互联网发展的初期，互联网中的信息较少，信息查找也比较容易，但是随着互联网的迅速发展，信息呈现爆炸性增长的趋势。为了使用户能够在不计其数的互联网信息中找到自己所需要的内容，专门提供互联网搜索服务的搜索引擎也就应运而生。

扫一扫

微课视频

1.2.1 搜索引擎的定义

搜索引擎（Search Engine）是指根据一定的策略，运用特定的计算机程序从互联网上搜集信息，再对信息进行组织和处理后，为用户提供检索服务，最后将用户检索的相关信息展示给用户的网站系统。简而言之，搜索引擎通过收集并整理互联网上众多网页中的关键词并进行索引，进而建立索引数据库，当用户搜索某个关键词时，所有页面内容中包含该关键词的网页都将被作为搜索结果展现出来。

例如，在百度搜索框输入关键词"布艺沙发有甲醛吗"，在搜索结果页面中显示共有约 16 800 000 个搜索结果，如图 1-2 所示。

图 1-2 | 搜索结果展现

通常情况下，在海量的搜索结果中，搜索结果展现的位置越靠前，被用户浏览的概率越高，营销推广的效果也就越好。

1.2.2 搜索引擎的发展史

互联网还没有出现时，人们普遍使用文件传输协议（File Transfer Protocol，FTP）共享信息，大量的文件散布在 FTP 主机中，用户查询信息非常麻烦。为了解决这个问题，1990年，加拿大麦吉尔大学计算机学院的艾伦·埃塔奇（Alan Emtage）研发了一种搜索服务工具 Archie。Archie 可以定期搜集并分析 FTP 服务器上的文件名信息，为用户提供查找分散保存在各个 FTP 主机中的文件的服务。

虽然 Archie 搜集的信息资源不是网页，但其和搜索引擎的基本工作原理是一样的：自动搜集信息资源、建立索引、提供检索服务。所以，Archie 被公认为搜索引擎的雏形。

后来，随着互联网的出现，为了方便查询互联网中的网页信息，真正的搜索引擎应运而生，并随着互联网的发展不断地发展和进步。总体来说，搜索引擎分为四代。

- **第一代搜索引擎：分类目录时代**｜分类目录时代的搜索引擎会收集互联网上各个网站的站名、网址、内容提要等信息，并将它们分门别类地编排到一个网站中，用户可以在分类目录中逐级浏览并寻找相关的网站。搜狐目录、hao123 等就是分类目录时代的代表。
- **第二代搜索引擎：文本检索时代**｜在文本检索时代，搜索引擎可以对用户输入的查询信息进行各种运算，进而判断其与目标网页内容相关程度的高低，并返回相关度高的网页给用户。一些早期的搜索引擎，如 Alta Vista、Excite 等都是这个时代的代表。
- **第三代搜索引擎：整合分析时代**｜到了整合分析时代，搜索引擎会通过外部链接的数量来判断一个网站的流行性和重要性，然后再结合网页内容的重要性和相似程度来完善反馈信息的质量，最后还会将反馈回来的海量信息，智能地整合成一个门户网站形式的界面，而不是像文本检索时代返回一个没有分类的链接清单。
- **第四代搜索引擎：用户中心时代**｜以用户为中心就是当用户查询时，要充分挖掘用户的深层次需求，实现精准化的用户定位和营销。例如，当搜索关键词"手机"时，对于不同职业和不同年龄阶段的用户来说，他们的需求是不同的。甚至同一个用户，也会因为时间和场合的不同而有不同的需求。而要通过用户输入的简短关键词来判断用户的真正需求，就需要搜索引擎能够真正了解用户。搜索引擎可以通过用户搜索时的大量特征，如上网的时间、操作习惯、搜索内容等，去逐渐勾勒出用户的大致特征，如性别、年龄阶段、兴趣爱好等，这些数据就是搜索引擎进行"商业数据挖掘"的巨大宝藏。

1.2.3 搜索引擎的分类

SEO 人员要想提高网站的搜索效率，首先应该熟悉搜索引擎的分类，再根据网站的属性来优化网站。目前搜索引擎主要分为全文搜索引擎、目录搜索引擎、元搜索引擎和垂直搜索引擎等。

1．全文搜索引擎

全文搜索引擎（Full Text Search Engine）是一种应用广泛的搜索引擎类型，它的主要功能是从互联网中提取各个网站的信息，建立网页数据库，并检索与用户搜索条件匹配的记录，最终按照一定的排序方式呈现搜索结果。在国内，百度和360搜索是非常流行的全文搜索引擎。

全文搜索引擎又分为两类。第一类是拥有自己的检索程序，其通常被称为网络蜘蛛或网络机器人。这种搜索引擎能够从互联网中抓取网页并建立自己的数据库，从中调用搜索结果。百度和360搜索就是这种类型的搜索引擎。第二类是租用其他搜索引擎的数据库，并按照自定格式排列搜索结果。由于这种搜索引擎不能创建自己的数据库，无法满足用户需求，目前已逐渐被淘汰。

值得一提的是，目前全文搜索引擎的发展趋势是向人工智能和自然语言处理方向发展，可以更好地理解用户的搜索意图，提供更准确、个性化的搜索结果。

2．目录搜索引擎

目录搜索引擎（Index/Directory Search Engine）是一种通过人工或半自动方式搜索网页内容的搜索引擎，它会根据内容和性质将网页归纳到不同层次的类目中，并形成一定的人工信息摘要。相比于全文搜索引擎，目录搜索引擎更像图书馆的目录结构。典型的目录搜索引擎包括雅虎、网易和搜狐等。

目录搜索引擎通常采用树状结构，在首页中提供了最基本的入口，用户可以逐级向下访问，直到找到所需要的类别。此外，用户也可以利用搜索引擎提供的搜索功能直接查询某个关键词。

然而，目录搜索引擎只能在已经保存的网站描述中进行搜索，因此网站本身的变化不会反映到搜索结果中。这也是目录搜索引擎与全文搜索引擎之间的区别。

3．元搜索引擎

元搜索引擎（Meta Search Engine）是一种辅助搜索工具，它可以帮助用户在多个搜索引擎中进行一次搜索并返回结果。元搜索引擎在接收用户的搜索请求后，会同时在多个搜索引擎中进行搜索，并将结果合并后返回用户。常见的元搜索引擎包括 InfoSpace、Dogpile 和 Vivisimo 等。

元搜索引擎通常由3个部分组成：搜索请求处理模块、搜索接口代理模块和搜索结果显示模块。搜索请求处理模块负责接收和处理用户的搜索请求，搜索接口代理模块负责将用户的搜索请求翻译成不同搜索引擎所要求的格式，搜索结果显示模块则负责对所有搜索结果进行去重、合并和显示输出。

需要注意的是，元搜索引擎并不会自己建立数据库，而是从其他搜索引擎中获取结果。因此，元搜索引擎的结果质量取决于其所使用的搜索引擎的质量和数量。

4．垂直搜索引擎

垂直搜索引擎（Vertical Search Engine）是一种更专注于特定领域和搜索需求的搜索引擎，如图片搜索、视频搜索、法律搜索、专利搜索和论文搜索等。与通用搜索引擎相比，垂直搜索引擎在特定领域提供更好的用户体验。百度学术、百度文库等都是垂直搜索引擎的典型代表。

垂直搜索引擎最大的特点是深入性和专业性。相比于其他无序化的搜索引擎，垂直搜索引擎可以更好地保证所收录信息的完整性和及时性。此外，垂直搜索引擎返回的结果重复率低、相关性强、查准率高，这也是其深受用户喜爱的原因之一。

1.2.4 常用的搜索引擎介绍

随着搜索引擎技术的不断成熟，新的搜索引擎也不断涌现。目前国内主要的搜索引擎有百度、360 搜索、搜狗搜索等，国外主要的搜索引擎有必应等。

1．百度

百度是全球领先的中文搜索引擎，2000 年 1 月由李彦宏、徐勇两人创立于北京中关村，致力于向人们提供"简单，可依赖"的信息获取方式，其首页界面如图 1-3 所示。百度搜索每天响应来自 100 余个国家和地区的数十亿次搜索请求，是网民获取中文信息和服务的最主要入口。百度搜索引擎具有丰富的功能，如网页搜索、图片搜索、视频搜索、新闻搜索、地图搜索、商品搜索等，为用户提供便捷的信息获取方式。

图 1-3 | 百度首页

2．360 搜索

360 搜索是我国知名的搜索引擎之一，其首页界面如图 1-4 所示。360 搜索于 2012 年推出，旨在为用户提供更加安全、准确、快速的搜索服务。360 搜索以智能化、个性化为特色，采用了人工智能技术，为用户提供更加智能化的搜索体验。它的搜索结果覆盖了网页、图片、视频、新闻等多个领域，还提供了实时热点、问答社区等功能。此外，360 搜索还有自己的反垃圾技术，可以有效过滤垃圾信息，保证搜索结果的准确性和可靠性。

图 1-4 | 360 搜索首页

3．搜狗搜索

搜狗搜索是我国著名的搜索引擎之一，其首页界面如图 1-5 所示。搜狗搜索于 2004 年推出，是我国第一个支持中文搜索的搜索引擎。搜狗搜索的特点是使用自然语言处理技术，可以准确理解用户的搜索意图，提供更加智能化的搜索结果。除了网页搜索，搜狗搜索还提供图片、视频、音乐、小说等多个领域的搜索服务，并且有自己的知识图谱，可以为用户提供更加全面和准确的信息。此外，搜狗搜索还提供拼音输入法、语音输入等多种输入方式，方便用户进行搜索操作。

图 1-5 | 搜狗搜索首页

4. 必应

必应（Bing）是由微软公司推出的一款互联网搜索引擎，其首页界面如图 1-6 所示。必应的目标是提供更精确、更快速、更智能的搜索服务，同时为用户提供尽可能多的相关信息和多样化的搜索体验。

图 1-6 | 必应首页

必应搜索引擎采用了丰富的算法来分析和评价各种网页的质量，并通过人工智能技术，对搜索结果进行个性化推荐。它还支持语音搜索、图片搜索、新闻搜索、视频搜索、地图搜索等多种搜索方式，并可以根据用户的历史搜索记录和兴趣爱好，提供更加精准的搜索结果和相关信息。

1.3 搜索引擎的工作原理

扫一扫

微课视频

若想让网站在 SEO 方面有更好的表现，就必须深入了解搜索引擎的运作方式。这样才能更好地进行网站优化。搜索引擎的工作原理如图 1-7 所示，主要包括以下 5 个方面：蜘蛛爬行、抓取建库、网页处理、检索服务和结果展现。

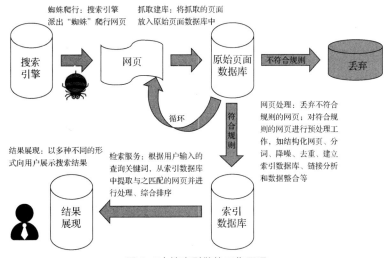

图 1-7 | 搜索引擎的工作原理

1.3.1 蜘蛛爬行

数据抓取系统是搜索引擎的重要组成系统之一，主要负责互联网信息的搜集、保存和更新等，它就像蜘蛛一样在互联网上爬来爬去，因此也被叫做网络蜘蛛（Spider）或机器人（Bot）。每个搜索引擎的蜘蛛都有各自的名称，如百度蜘蛛（Baiduspider）、搜狗蜘蛛（Sogou Web Spider）和必应机器人（Bingbot）等。

搜索引擎会同时运行多个蜘蛛程序，从一些重要的种子网址开始，通过其网页上的超链接不断发现新的网页并抓取。这个过程会不断重复，以尽可能抓取到更多网页。由于互联网中每时每刻都有可能出现网页被修改、删除或新增链接的情况，因此像百度这样的大型搜索引擎需要不断更新过去抓取过的页面。

当网络蜘蛛爬行到某个网站时，会首先检查该网站的根目录下是否存在 Robots 文件。如果有，则会根据其中的约定来确定抓取的网页范围。在允许抓取的网页范围内，网络蜘蛛会采用深度优先、宽度优先和最佳优先 3 种策略来爬行网站中的所有网页。

1．深度优先策略

深度优先策略是一种较早期的网络蜘蛛爬行的策略。当网络蜘蛛在网站中发现一个链接时，它会沿着这个链接爬到下一个网页，然后在这个网页中又沿着新发现的链接继续爬行。当网络蜘蛛无法再发现新的链接时，它会返回到第一个网页，沿着另一条链接继续爬行。整个爬行过程会不断重复，直到网络蜘蛛爬遍所有网页。深度优先策略的过程如图 1-8 所示，其中数字代表网络蜘蛛爬行网页的顺序。

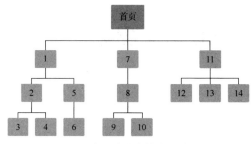

图 1-8｜深度优先策略的过程

2．宽度优先策略

宽度优先策略指网络蜘蛛来到一个网页后，会先爬行该网页上的所有链接，再爬行下一层网页的链接。图 1-9 所示为宽度优先策略的过程，网络蜘蛛首先爬行第 1 层的所有页面，然后再爬行第 2 层的所有页面，以此类推，直到爬遍所有页面。

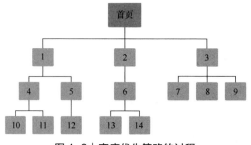

图 1-9｜宽度优先策略的过程

3．最佳优先策略

最佳优先策略指网络蜘蛛到达一个网页时，将网页中的所有链接收集到地址库中，并对其进行分析，从中筛选出重要性较高的链接进行爬行。影响链接重要性的因素主要有网页内容、链接数量和链接质量等。某个链接的网页内容质量越高、链接数量越多、链接质量越高，就越会优先被抓取。另外，网络蜘蛛还会考虑网站的安全性和可访问性等因素，以确保用户能够安全地访问网站。

1.3.2　抓取建库

网络蜘蛛在经过较长时间的爬行后，就可以爬行完互联网上的所有网站，但是这些网站的资源极其庞大，而且其中还夹杂着大量的垃圾网站。此外，搜索引擎的资源有限，通常只会抓取其中部分网页到数据库中。

网络蜘蛛到达一个网页后，会对其内容进行仔细检测，以判断其中的信息是否为垃圾信息。例如，大量的重复内容、乱码及与已收录的内容高度相似等都被认为是垃圾信息的标志。如果检测通过，搜索引擎就会对有价值的网页进行收录，并将其信息存储到数据库中。

1.3.3　网页处理

网络蜘蛛抓取到的网页数据一般数据量巨大，无法直接进行索引服务。因此，需要进行大量的预处理工作，包括网页结构化、分词、去停止词、降噪、去重、建立索引数据库、链接分析和数据整合等。

1．网页结构化

网络蜘蛛抓取的网页数据中，除了用户能够在浏览器上看到的可见文字，还包含 HTML 标签、JavaScript 程序、导航、友情链接、广告等内容。这些无法用于排名计算的内容需要通过网页结构化操作，只保留正文文本、Meta 标签、锚文本、图片和视频注释等内容，以供搜索引擎进行排名计算。

例如下面这段 HTML 代码。

```
01   <div id="baike-title">
02       <h1>
03           <span class="title">2023 年新款运动鞋</span>
04       </h1>
05   </div>
```

在经过网页结构化操作后，剩下的用于排名的文字为"2023 年新款运动鞋"。

2．分词

中文搜索引擎独有的分词操作源于中文词语没有像英文单词之间以空格为分隔符的规范。因此，在进行搜索前，搜索引擎必须先将句子拆分成多个词语，以此为基础，进行后续的搜索操作。例如，"2023 年新款运动鞋"会被拆分为"2023""年""新款"和"运动鞋"4个词。

目前，常用的分词方法包括基于字典的分词法、基于理解的分词法和基于统计的分词法。主流搜索引擎通常综合使用这 3 种方法构建完整的分词系统。

（1）基于字典的分词法

基于字典的分词法是将待分析的文本与指定的字典中的词条进行匹配，若在待分析文本中发现与字典词条相同的部分，则可以成功匹配或切分出一个词。然而，这种分词方法的准确度很大程度上取决于字典的完整性。

使用基于字典的分词法必须遵循以下原则：颗粒度越大越好，非字典词越少越好，单字词越少越好，总体词数越少越好。例如，"流浪地球 2 影评"应该被拆分为"流浪地球 2"和"影评"两个词，而不是拆成"流浪""地球""2"和"影评"4 个词。

（2）基于理解的分词法

基于理解的分词法利用人工智能技术，结合汉语的语法、词义以及心理学知识，模拟人类对句子的理解过程来达到识别词语的效果。其基本思想是在分词的同时进行句法和语义分析，利用这些信息处理歧义现象。该方法通常由分词子系统、句法语义子系统和总控部分组成。在总控部分的协调下，分词子系统利用句法和语义信息来处理分词歧义，模拟了人类对句子的理解过程。

这种分词方法需要大量的语言知识和信息。然而，由于汉语知识的广泛性和复杂性，将各种语言信息整合成机器可直接读取的形式比较困难。因此，目前基于理解的分词系统还处于试验阶段。

（3）基于统计的分词法

基于统计的分词法是指搜索引擎对大量网页内容进行分析，计算字与字相邻出现的概率。如果某几个字相邻出现的概率非常大，它们就有可能形成一个词。这种方法的优点在于能够更快地对新出现的词做出反应。

3．去停止词

无论是中文还是英文，网页内容中都会出现一些极为常见但对内容没有任何实际意义的词汇，例如，中文的"啊""哈""呀""的""地""得"，英文的"a""an""the""of""to"等，这些词汇被称作停止词。由于它们对句子的真实含义影响不大，搜索引擎会将其去除，让主题更加突出，并减小计算量。

4．降噪

绝大多数页面还包含与页面主题无关的内容，如版权声明、导航和广告等。例如，在博客网页上，"文章分类"和"历史存档"等导航内容与页面主题无关。

这些完全不相关的内容被称为噪声，会对页面主题产生干扰。搜索引擎需要识别并消除这些噪声，其基本方法：根据 HTML 标签对页面进行分块，区分出页头、导航、正文、页脚和广告等区域，并剔除无关的内容，只保留页面主体内容。

5．去重

在互联网上，存在着大量重复的内容，这些内容主要是网站之间相互转载或使用网页模板所产生的。搜索结果中如果出现大量相同的内容，就会对用户体验造成负面影响。为此，搜索引擎需要在索引前对重复的内容进行识别和删除，这个过程称为"去重"。

去重是通过计算页面的特征关键词的数字指纹来实现的。具体操作方法：从页面主体内容中选取出现频率最高的一部分关键词，然后计算这些关键词的数字指纹。如果两个页面的特征关键词的数字指纹相同，则认为它们是重复的，搜索引擎将只返回其中的一个。

简单地增加"的""得""地"等词汇或调换段落顺序并不能逃过搜索引擎的去重算法。因为这样的操作无法改变文章的特征关键词，也不能使抄袭或转载的内容变成原创。

6. 建立索引数据库

网页中的内容经过分词、去停止词、降噪和去重后，会得到一个包含所有关键词的集合。搜索引擎会记录每个关键词在页面中出现的频率、次数、格式（标题、加粗、锚文本等）以及位置等信息，并根据这些信息计算每个关键词的重要性。然后，按照重要性对关键词进行排序，并将页面及其对应的关键词构建为正排索引并存储到索引数据库中。举个例子，假设有 6 个页面，其内容如表 1-1 所示，按照重要性对关键词进行排序后的结果如表 1-2 所示。

表 1-1 | 假设的 6 个页面内容

文档 ID	网页内容	文档 ID	网页内容
1	小米手机	4	苹果手机
2	2023 年新款手机	5	小米手机评测
3	华为手机	6	华为手机评测

表 1-2 | 按照重要性对关键词进行排序后的结果

关键词 ID	关键词	关键词 ID	关键词
1	手机	5	评测
2	小米	6	2023 年
3	华为	7	新款
4	苹果		

搜索引擎构建的正排索引简化表如表 1-3 所示，其中每个页面都对应一个文档 ID，文件内容被表示为一串关键词 ID 的集合。

表 1-3 | 搜索引擎构建的正排索引简化表

文档 ID	关键词 ID 1	关键词 ID 2	关键词 ID 3
1	1	2	
2	1	6	7
3	1	3	
4	1	4	
5	1	2	5
6	1	3	5

通过正排索引可以快速找到一个页面中包含哪些关键词。但是在实际搜索中，搜索引擎通过关键词来查找包含它的页面，因此正排索引就需要扫描每一个页面来判断其是否包含该关键词，这样计算量就会非常大，因而无法满足实时返回排名结果的需要。

所以搜索引擎还会将正排索引重新构建为倒排索引，将页面对应到关键词的映射转换为关键词到页面的映射，表 1-4 所示为倒排索引简化表。

表 1-4 | 倒排索引简化表

关键词 ID	关键词	文档 ID 1	文档 ID 2	文档 ID 3	文档 ID 4	文档 ID 5	文档 ID 6
1	手机	1	2	3	4	5	6
2	小米	1	5				
3	华为	3	6				
4	苹果	4					
5	评测	5	6				
6	2023 年	2					
7	新款	2					

7．链接分析

与在网上购物一样，我们不仅要看商家对产品的介绍，还要看消费者对产品的评论。搜索引擎在对页面进行排序时，除了考虑网页本身的关键词密度和关键词位置，还需要引入网页以外的标准来衡量网页。在这些网页以外的标准中，链接分析是最为重要的，搜索引擎会分析链接到这个网页的所有外部链接，这些外部链接的数量和质量都能反映该网页的质量，以及和关键词的相关度。

由于互联网的网页数量非常庞大，并且这些网页之间的链接关系随时都在更新中，链接分析过程非常耗时。因此，在进行倒排索引前，搜索引擎需要先完成链接分析。一旦完成链接分析，搜索引擎就可以通过链接分析构建一个基础的网络图谱，这个图谱通过网页之间的链接关系来衡量网页的重要性。这样，在进行搜索时，搜索引擎就可以快速地根据用户提供的查询词，找到最佳匹配的网页并按照相关性进行排序。

8．数据整合

除了 HTML 文件，搜索引擎还能够抓取和索引多种以文字为基础的文件类型，例如 PDF、Word、WPS、XLS、PPT、TXT 等。在搜索结果中，这些文件类型也经常会出现。然而，对于那些非文字内容的文件类型，如图片、视频等，搜索引擎无法直接处理其中的内容，只能通过与其相关的说明性文本进行处理。

虽然不同格式的数据被分别存储，但在建立索引和排序时，搜索引擎往往会联系与数据相关的内容，以判断其相关性和重要性，最终形成一个有利于搜索排名的检索数据库。

▋1.3.4 检索服务

搜索引擎建立好检索数据库后，就可以为用户提供检索服务了。当用户输入搜索关键词后，搜索引擎首先会处理该关键词，进行过滤和拆分，然后从索引数据库中提取与之匹配的页面，通过不同的维度对页面得分进行综合排序，最终再收集用户搜索数据对结果进行优化，从而得到最佳搜索结果。

1．处理搜索关键词

与处理页面关键词类似，用户输入的搜索关键词也需要进行拆分和降噪等操作。这些操作将搜索关键词拆分成为关键词组，并去除那些对搜索结果影响不大的词汇。以"衣服缩水了怎么办啊"为例，搜索引擎会剔除其中的"了"和"啊"，然后将剩余的文字拆分为"衣服""缩水"和"怎么办"3 个关键词。

2．提取页面

确定好关键词后，搜索引擎会从检索数据库中提取包含这些关键词的页面。但是，并非所有的这些页面都会参与排名。因为搜索结果往往会有几十万条甚至上千万条，全部进行排名会导致计算量非常大、速度非常慢。此外，用户通常只会查看前面几页的结果。因此，搜索引擎不会显示所有的搜索结果，而只会显示权重最高的几百条搜索结果。

例如，在百度搜索"2023 流行什么颜色的衣服"时，百度提示找到的结果约为 100 000 000 个，而百度只显示 74 页，即 740 条结果，如图 1-10 所示。

图 1-10 | 搜索结果页数

3．综合排序

搜索引擎会根据不同维度的得分对参与排名的页面进行综合排序，以得到最终的搜索结果。综合排序的标准包括以下 6 个方面。

- **相关性** | 相关性指页面内容与搜索关键词的匹配程度，如页面所包含搜索关键词的个数，这些关键词出现的位置，以及外部网页指向该页面所使用的锚文本等能够体现页面内容与搜索关键词的匹配程度的指标。
- **权威性** | 权威性更高的网站提供的内容更真实可靠，所以其网页排名越靠前。
- **时效性** | 时效性指页面是否为新出现的网页，且内容是新鲜的。目前，时效性在搜索引擎的排序中越来越重要。
- **丰富度** | 丰富度指页面内容的丰富程度。如果页面内容很丰富，那么它不仅可以满足用户的单一需求，还可以满足用户的延伸需求。
- **加权** | 加权指通过人工方式提高某些页面（如官方网站、特殊通道页面等）的排名。
- **降权** | 降权指降低有作弊嫌疑的网页的排名的做法。

4．检索优化

搜索引擎会根据用户的网际互连协议（Internet Protocol，IP）地址、搜索时间、搜索记录以及浏览过的网页等信息对搜索结果进行优化。

搜索引擎可以通过 IP 地址搜索引擎获取用户所在的地区，并根据各地区用户的搜索习惯，返回用户特定地域的排名结果。通过搜索时间、搜索记录以及浏览过的网页等信息，搜索引擎可以了解用户的搜索习惯以及对哪些内容更为关心，从而给出准确化和个性化的搜索结果。

▌ 1.3.5 结果展现

确定了最终的搜索结果后，搜索引擎会将这些内容展示在搜索结果页面中，如图 1-11 所示。通常，每页会显示 10 条已通过排序规则排序的结果，这些结果被称为自然搜索结果。除此之外，在自然搜索结果上方、中间或下方会穿插一些广告内容。这些广告内容的展示方式与自然搜索结果类似，只是会在其中显示"广告"文本，以示区别。

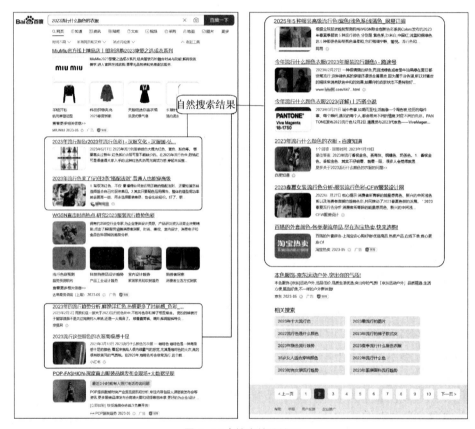

图 1-11 | 搜索结果页面

搜索结果的展现形式是多种多样的，最简单的展现形式由标题、摘要、网页链接组成，如图 1-12 所示，这种展现形式称为摘要式。

- **标题**｜标题对应网页的标题，即网页源代码<title>标签中所设置的内容。它实际上是一个超链接，单击它可以打开对应的网页。
- **摘要**｜摘要对应网页的描述，即网页源代码<description>标签中所设置的内容。通过它可以大致了解网页的内容。
- **网页链接**｜显示对应网站的名称或网址。单击其后的下拉按钮，在弹出的下拉菜单中可以对该网站进行"收藏""举报"操作，如图 1-13 所示。

图 1-12│摘要式   图 1-13│下拉菜单

除了摘要式，搜索结果的常见展现形式还有图片式、视频式、软件下载式、步骤式、精选摘要式、框计算式和整合式等。

- **图片式**│在摘要式的基础上显示一张图片，如图 1-14 所示。
- **视频式**│用于显示包含有视频播放的网页，在摘要式的基础上显示一张视频缩略图，以及视频的时长等信息，如图 1-15 所示。

图 1-14│图片式   图 1-15│视频式

- **软件下载式**│用于显示提供软件下载的页面，除了标题的链接，还会显示软件的图标、版本、大小、更新时间和运行环境等信息，以及"××下载"按钮，单击该按钮可以下载软件，如图 1-16 所示。
- **步骤式**│主要用于显示各种操作步骤，会显示多张缩略图和步骤简略文本，如图 1-17 所示。

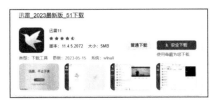

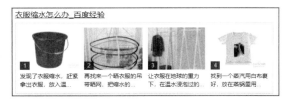

图 1-16│软件下载式   图 1-17│步骤式

- **精选摘要式**│有时，用户搜索的目的是查找某个问题的答案，如果搜索引擎有较大把握给出正确答案，就会在搜索结果的最顶端显示该答案，这种展现方式被称为精选摘要式，如图 1-18 所示。
- **框计算式**│有时，针对用户搜索的内容，搜索引擎可以直接给出相关信息或答案，这样用户就不用再转到其他网站进行查看，这种展现方式被称为框计算式，可以用于展示天气、证券、单位换算、航班、火车等信息，如图 1-19 所示。

图 1-18│精选摘要式   图 1-19│框计算式

- **整合式**｜当搜索的结果中有较多的新闻、图片、视频、商品等结果时，百度会将这些结果整合在一起显示，图 1-20 所示为新闻信息整合式显示结果，图 1-21 所示为图片整合式显示结果，图 1-22 所示为视频整合式显示结果，图 1-23 所示为商品整合式显示结果。

图 1-20｜新闻信息整合式显示结果

图 1-21｜图片整合式显示结果

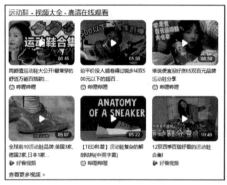

图 1-22｜视频整合式显示结果

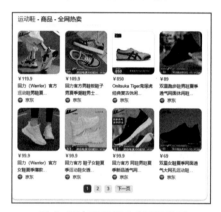

图 1-23｜商品整合式显示结果

1.4 搜索引擎的使用方法

SEO 人员只有熟练地掌握搜索引擎的使用方法，才能更好地进行网站优化。搜索引擎的使用方法包括基本查询、高级查询和使用搜索引擎指令 3 个方面。

1.4.1 基本查询

基本搜索是使用搜索引擎的最基本方法，用户只需在搜索文本框中输入要搜索的关键词，再单击"搜索"按钮进行搜索即可。同时，用户也可以配合搜索工具限定搜索结果的发布时间、文件类型和发布网站。

拓展案例

使用基本查询

下面以在百度中搜索一周之内发布的包含有"办公家具"关键词的 Word 文档为例进行讲解，具体操作如下。

（1）打开百度首页，在搜索文本框中输入要查询的关键词"办公家具"，按"Enter"键或单击 [百度一下] 按钮，即可得到搜索结果，如图 1-24 所示。

（2）单击右侧的"搜索工具"按钮，显示出搜索工具后再单击"站点内检索"下拉按钮，在打开对话框的文本框中输入百度的网址，如图 1-25 所示。

扫一扫

微课视频

图 1-24 | 搜索结果

图 1-25 | 输入网址

（3）单击 [确认] 按钮，此时将只返回百度网站中搜索到的结果。

（4）单击"所有网页和文件"下拉按钮，在弹出的下拉列表中选择要搜索的文件格式，这里选择"Word（.doc）"选项，如图 1-26 所示，此时将只显示搜索到的 Word 文件，如图 1-27 所示。

图 1-26 | 选择网页和文件类型

图 1-27 | 搜索结果

（5）单击"时间不限"下拉按钮，在弹出的下拉列表中选择要搜索的文件的发布时间，这里选择"一周内"选项，如图 1-28 所示。最终搜索结果为百度网站中一周内发布的包含"办公家具"关键词的 Word 文档，如图 1-29 所示。

图 1-28 | 选择发布时间

图 1-29 | 搜索结果

1.4.2 高级查询

使用搜索引擎的高级查询方法可以在搜索时实现包含完整的关键词、包含任意的关键词或不包含某些关键词等功能。

拓展案例

使用高级查询

下面在百度搜索引擎中使用高级查询方法搜索包含"四川成都"关键词，包含不拆分的"手机专卖店"关键词，包含"小米"或"华为"关键词，不包含"苹果"和"三星"关键词的网页，具体操作如下。

（1）在百度首页右上角单击"设置"超链接，在弹出的下拉列表中选择"高级搜索"选项，打开"高级搜索"对话框。

（2）在"包含全部关键词"文本框中输入"四川成都"文本，在"包含完整关键词"文本框中输入"手机专卖店"文本，在"包含任意关键词"文本框中输入"小米 华为"文本，在"不包括关键词"文本框中输入"苹果 三星"文本，如图 1-30 所示。

（3）单击 高级搜索 按钮完成搜索，结果如图 1-31 所示。

图 1-30 | 高级搜索

图 1-31 | 搜索结果

经验之谈

用户也可以直接在搜索文本框中输入"四川成都 "手机专卖店"（小米|华为）-（苹果|三星）"文本的方式实现高级搜索。其中，在关键词两侧加半角的双引号表示要包含的完整关键词；在两侧加半角括号，中间用竖线分隔表示要包含的任意关键词；在半角括号前再加一个空格和-符号表示不包含的关键词。

1.4.3 使用搜索引擎指令

使用搜索引擎指令可以实现更多的功能，如查询某个网站被搜索引擎收录的页面数量、查找 URL（网址）中包含指定文本的页面、查找网页标题中包含指定文本的页面等。下面分别介绍其对应的搜索引擎指令。

1．site 指令

site 指令有两种用法，一种是查询某个网站中被搜索引擎收录的页面数量，其格式如下。

```
site+半角冒号 ":" +网站域名
```

另一种是在指定的网站范围内搜索包含相应关键词的网页，其格式如下。

```
site+半角冒号 ":" +网站域名+空格+关键词
```

📖**拓展案例**

使用 site 指令

　　首先，搜索京东网站在百度中收录的页面数量，其次，在京东网站中搜索包含"笔记本电脑"的网页，具体操作如下。

　　（1）在百度首页的搜索文本框中输入"site:www.jd.com"文本。

　　（2）按"Enter"键得到查询结果，在其中可以看到京东网站共有 5 亿 7451 万个网页被百度收录，如图 1-32 所示。

　　（3）在搜索文本框中输入"site:www.jd.com 笔记本电脑"文本。

　　（4）按"Enter"键即可在京东网站中搜索包含"笔记本电脑"的网页，如图 1-33 所示。

扫一扫

微课视频

图 1-32｜京东网站被百度收录的网页数量

图 1-33｜在京东网站中进行搜索

📖**经验之谈**

　　在输入域名时包含和不包含"www"的结果是不一样的。这是因为一个网站除了"www"这个二级域名，还有其他的二级域名，如"news"等。查询时包含"www"，则只会统计该二级域名下收录的页面数量，不包含"www"则会统计该域名及其所有二级域名下收录的页面数量。

2．inurl 指令

　　网页 URL 中包含的某些信息常常具有某种特殊的含义。因此，使用 inurl 指令对搜索结果中的 URL 进行限定，就可以获得比较精准的搜索结果。inurl 的格式如下。

```
inurl+半角冒号":"+指定文本
inurl+半角冒号":"+指定文本+空格+关键词
```

📖**拓展案例**

使用 inurl 指令

　　下面在百度中查询所有 URL 中包含"sound"文本的页面，以及 URL 中包含"sound"文本同时页面的关键词为"声音"的页面，具体操作如下。

　　（1）在百度首页的搜索文本框中输入"inurl:news"文本，按"Enter"键得到查询结果。在其中可以看到每个页面的网址中都包含"news"文本，如图 1-34 所示。

　　（2）在搜索文本框中输入"inurl:news 声音"文本，按"Enter"键得到查询结果。可

扫一扫

微课视频

以看到每个页面的网址中都包含"news"文本，并且页面内容中包含"声音"关键词，如图 1-35 所示。

图 1-34 | 输入"inurl:news"的搜索结果

图 1-35 | 输入"inurl:news 声音"的搜索结果

3．intitle 指令

使用 intitle 指令可以查询在页面标题（title 标签）中包含指定关键词的网页，其格式如下。

`intitle+半角冒号":"+关键词`

拓展案例

使用 intitle 指令

扫一扫

微课视频

下面在百度中查询所有标题中包含"香水百合"关键词的页面，具体操作如下。

（1）在百度首页的搜索文本框中输入"intitle:香水百合"文本。

（2）按"Enter"键得到查询结果。可以看到每个页面的标题中都包含"香水百合"文本，如图 1-36 所示。

图 1-36 | 输入"intitle:香水百合"的搜索结果

4．domain 指令

使用 domain 指令可以查询向某个网站提供反链的网站，其格式如下。

`"domain"+半角冒号":"+网站域名`

拓展案例

使用 domain 指令

扫一扫

微课视频

下面在百度中使用 domain 指令查询向某装饰网站提供反链的网站，具体操作如下。

（1）在百度首页的搜索文本框中输入"domain:www.jia.com"文本。

（2）按"Enter"键得到查询结果。在其中可以看到共有约 52 200 000 个结果，如图 1-37 所示。

图 1-37｜查询向某装饰网站提供反链的网站

1.5 搜索引擎的算法

算法是搜索引擎用来评估网站并进行排名的一系列规则和标准，其涵盖网站的内容质量、技术结构、用户体验、外部链接等多个方面，目的是为用户提供相关的、有价值的、安全的搜索结果。

扫一扫

微课视频

▌1.5.1 搜索引擎算法的作用和影响

搜索引擎算法对于网站的排名和流量有着重要的影响。如果网站符合搜索引擎算法的要求，就能获得搜索引擎的认可和推荐，从而提高在搜索结果中的排名，吸引更多的用户访问。反之，如果网站违反了搜索引擎算法的规则，就会受到搜索引擎的惩罚和降权，从而降低在搜索结果中的排名，失去更多的用户访问。

搜索引擎通常会根据用户需求、市场变化、技术发展等因素，不断地更新和优化自己的算法，以提高搜索质量。同时，搜索引擎会不断地打击那些违反规则、作弊欺骗、恶意竞争的网站，以维护搜索秩序和公平竞争。

▌1.5.2 搜索引擎算法的分类

搜索引擎算法可以分为核心算法和专项算法两大类。核心算法是搜索引擎的基础算法，主要负责对网站进行综合评估和排名。专项算法是针对某些特定问题或场景而设计的，主要负责对作弊网站进行打击并提高优质网站的排名。

▌1.5.3 百度搜索引擎的主要算法

目前，百度已经发布了 30 多种专项算法，并不定期地更新核心算法。以下是一些重要的专项算法及其主要内容。

- **百度惊雷算法**｜该算法主要针对那些通过购买、交换、软件等方式获取大量无关或低质量的超链接，以及通过软件、机器人等方式恶意刷取点击量的网站。该算法会对作弊网站进行惩罚，并将网站作弊行为计入站点历史，严重者将被长期封禁。
- **百度冰桶算法**｜该算法主要针对那些通过购买、交换、软件等方式获取大量无关或低质量的外部链接，以及通过垃圾评论、论坛帖子、留言板等方式发布大量无关或低质量的链接的网站。该算法会对这些网站进行降权，降低其在搜索结果中的排名，甚至直接删除。
- **百度劲风算法**｜该算法主要针对那些通过采集、抄袭、伪原创等方式获取大量重复或低质量的内容，以及通过隐藏、跳转、挂马等方式欺骗用户和搜索引擎的网站。该算法会对这些网站进行降权或删除，并提高原创内容的排名。

- **百度细雨算法**｜该算法主要针对那些通过购买、交换、软件等方式获取大量低质量的软文推广链接，以及通过软文推广影响用户判断和选择的网站。该算法会对这些网站进行降权或删除，并提高高质量内容的排名。
- **百度飓风算法**｜该算法主要针对那些包含大量广告、弹窗、恶意插件等影响用户体验的页面，以及包含色情、暴力、赌博等违规内容的页面。该算法会对这些页面进行降权或删除，并提高高质量页面的排名。
- **百度信风算法**｜该算法主要针对那些通过隐藏、跳转、挂马等方式欺骗用户和搜索引擎，导致用户访问到与搜索结果不符或有害的页面的网站。该算法会对这些网站进行降权或删除，并提高正常页面的排名。

1.6　本章实训

▌1.6.1　实训背景

　　"数多宝"是一家专注于销售各类高质量数码产品的网站，提供手机、笔记本电脑、相机、智能家居等在内的众多数码产品。网站上线以来相关关键词在搜索引擎中的排名较为靠后，网站访问量较低，为了解决这个问题，数多宝决定通过 SEO 对网站进行优化，以提高网站在搜索引擎中的排名。为了更好地完成 SEO 的工作，数多宝的 SEO 人员决定先熟悉一下搜索引擎的使用方法。

- 使用搜索引擎的基本查询、高级查询以及搜索引擎指令查询相关的内容，从而掌握搜索引擎的使用方法。
- 搜索引擎返回的搜索结果的数量非常庞大，SEO 人员需要仔细分析这些结果，并在其中找到真实有效的信息，从而提高自身的分析能力。

▌1.6.2　实训要求

　　（1）通过基本查询方法查询包含"笔记本电脑"关键词的网页。

　　（2）使用高级查询方法查询包含"笔记本电脑"关键词，同时包含"华硕"或者"华为"关键词，但不包含"联想"关键词的网页。

　　（3）使用搜索引擎指令查询在淘宝网中包含"笔记本电脑"关键词的网页。

　　（4）使用搜索引擎指令查询页面标题中包含"笔记本电脑"关键词的网页。

▌1.6.3　实训步骤

　　（1）打开百度首页。

　　（2）在搜索文本框中输入"笔记本电脑"文本，按"Enter"键搜索包含"笔记本电脑"关键词的网页，如图 1-38 所示。

　　（3）在搜索文本框中输入"笔记本电脑（华硕|华为）-（联想）"文本，按"Enter"键搜索包含"笔记本电脑"关键词，同时包含"华硕"或者"华为"关键词，不包

扫一扫

微课视频

含"联想"关键词的网页，如图 1-39 所示。

图 1-38｜使用基本查询的搜索结果

图 1-39｜使用高级查询的搜索结果

（4）在搜索文本框中输入"site:www.taobao.com 笔记本电脑"文本，按"Enter"键搜索淘宝网中包含"笔记本电脑"关键词的网页，如图 1-40 所示。

（5）在搜索文本框中输入"intitle:笔记本电脑"文本，按"Enter"键搜索页面标题中包含"笔记本电脑"关键词的网页，如图 1-41 所示。

图 1-40｜使用 site 指令的搜索结果

图 1-41｜使用 intitle 指令的搜索结果

职业素养

在当今快速变化的数字营销环境中，SEO 技术也在不断更新发展。因此，要想成为一名优秀的 SEO 人员，就要不断学习和掌握新的技术，这包括对最新的搜索引擎算法、新的 SEO 工具、行业趋势和竞争情况的了解。

1.7 课后练习

一、填空题

1. SEO 是一种对网站进行_____及_____，使其满足搜索引擎的_____且对用户更友好，从而使网站更容易被搜索引擎_____，提高其在搜索结果页中的_____，为网站带来更多的_____，产生_____或者_____的技术。

2. 搜索引擎是指根据一定的策略，运用特定的_____从互联网上搜集信息，再对信息进行_____和_____后，为用户提供_____服务，最后将用户检索的相关信息展示给用户的_____。

3. 国内主要的搜索引擎有_____、_____、_____等，国外主要的搜索引擎有_____等。

4. 搜索引擎的工作原理分为_____、_____、_____、_____和_____5 个方面。

5. 搜索引擎算法可以分为核心算法和专项算法两大类。核心算法是搜索引擎的_____，主要负责对网站进行_____和_____。专项算法是针对某些特定问题或场景而设计的，主要负责对作弊网站_____并提高优质网站的_____。

二、单项选择题

1. 下列选项中，不属于网络蜘蛛爬行策略的是（   ）。

   A. 深度优先策略　　　　　　　　　　B. 宽度优先策略

   C. 最佳优先策略　　　　　　　　　　D. 速度优先策略

2. 下列选项中，对搜索引擎发展时代描述正确的是（   ）。

   A. 第一代搜索引擎：文本检索时代　　B. 第二代搜索引擎：整合分析时代

   C. 第三代搜索引擎：分类目录时代　　D. 第四代搜索引擎：用户中心时代

3. 可以查询在页面标题中包含指定关键词的网页的搜索引擎指令是（   ）。

   A. inurl　　　　　　B. intitle　　　　　　C. site　　　　　　D. domain

三、判断题

1. 黑帽 SEO 是作弊手法，随时会因为搜索引擎算法的改变而面临惩罚。　　（　　）

2. 灰帽 SEO 会采用一些取巧的方式来进行操作，这些操作行为不算违规。　　（　　）

3. 百度权重是百度官方发布的网站权重数值。　　（　　）

四、简答题

1. 简述 SEO 的价值。

2. 简述 SEO 的基本步骤。

3. 简述搜索引擎的工作原理。

五、操作题

1. 利用搜索引擎搜索"新鲜水果"关键词，并观察广告与自然搜索结果的区别。

2. 利用搜索引擎指令查询网页标题中包含"运动鞋"关键词的网页。

第2章　SEO 的前期准备工作

本章导读

SEO 人员在进行网站优化前，需要做好充分的准备，以确保后续工作顺利进行。这些准备工作包括 SEO 项目的分析、网站域名的选择、网站服务器的选择等。只有明确了这些准备工作，才能够让搜索引擎更好地收录网站，并使用户更容易看到及浏览该网站。

学习目标

| 掌握 SEO 项目分析的方法
| 掌握选择网站域名的方法
| 掌握选择网站服务器的方法
| 能够查询竞争对手网站的 SEO 数据
| 能够选择合适的网站域名和网站服务器
| 培养对 SEO 的兴趣和热情，了解 SEO 对网站发展的重要作用
| 培养对网站质量和用户体验的重视，以用户为中心，提供有价值的内容和服务

2.1 SEO 项目分析

在进行 SEO 之前，首先需要进行 SEO 项目分析。这一步是决定网站未来走势和效果的关键步骤。只有通过准确的分析，明确相应的优化目标，才能制定准确且高效的网站优化策略。具体而言，SEO 项目分析包括网站市场定位、竞争对手分析、关键词分析和用户需求分析 4 个方面。

扫一扫

微课视频

2.1.1 网站市场定位

在 SEO 领域，有些人认为网站的市场定位与 SEO 无关，这种看法是错误的。事实上，网站的市场定位对于 SEO 非常重要，它决定了 SEO 目标的制定。如果忽视了网站市场定位，就会导致 SEO 目标不明确，最终影响 SEO 的效果。

网站市场定位主要包括网站的行业定位、商业模式定位和盈利模式定位 3 个方面。

1．行业定位

网站的行业定位是指明确网站的内容与哪个行业相关，即确定是做机械设备、服装、食品、金融还是房地产等。在行业定位时，需要明确一个网站不可能兼顾机械设备、服装和食品等多个行业。如果网站的行业定位不准确，用户将很难找到自己所需的内容，这影响用户体验，也不利于留住用户。

2．商业模式定位

网站的商业模式定位就是确定网站如何切入市场。网站主要有以下 3 种商业模式。

- **跨界商业模式** | 这种商业模式指传统企业通过建立网站实现跨界营销，如服装品牌通过电商平台销售产品，可以减少中间环节，降低成本，提高效率。

- **免费商业模式** | 这种商业模式通过提供免费的产品或服务来吸引用户，将用户转化为流量，然后通过增值服务实现盈利。例如，一些应用程序可以免费下载，但需要付费才能获得更多功能。

- **线上+线下商业模式** | 这种商业模式结合了线上交易和线下体验消费。它包括两种场景：一是在线上购买或预订服务，再到线下实体店享受服务，如在线预订酒店后前往酒店办理入住手续；二是通过线下实体店体验并选好产品，然后通过线上下单购买产品，如试穿衣服后通过电商平台购买。

3．盈利模式定位

网站的盈利模式定位是指确定网站如何获取利润。网站有多种盈利模式，如广告展示、产品销售和服务提供等。一个网站需要确定一个主要的盈利模式，其他盈利模式可作为辅助。

一个成功的盈利模式应该能够有效地获得利润并满足用户需求，同时还需要考虑市场竞争和未来发展趋势。例如，一些社交媒体平台通过广告展示来获取收益，但随着用户对广告的免疫性增强，这种模式可能不再那么有效。因此，网站需要不断创新和调整盈利模式，以适应不断变化的市场环境。

拓展案例

确定"得光文具"的市场定位

"得光文具"是一家致力于为广大学生和办公人士提供高品质办公用品的品牌，拥有多年的行业经验，不断推出优质的文具用品，以满足用户在学习和工作中的需求。其行业定位、商业模式定位和盈利模式定位如下。

- **行业定位**｜办公用品。
- **商业模式定位**｜跨界商业模式。
- **盈利模式定位**｜主要盈利模式为销售办公用品；辅助盈利模式为提供个性化办公礼品定制服务。

2.1.2　竞争对手分析

正确分析竞争对手是 SEO 工作中非常重要的环节。了解竞争对手的劣势和优势，并制定相应的 SEO 策略，可以达到知己知彼、克敌制胜的效果。

竞争对手分析有两个方面的作用：一方面是吸取竞争对手的优点；另一方面是针对竞争对手存在的不足之处，打造自己的特色。分析竞争对手需要收集竞争对手网站中的各种数据，并通过这些数据判断竞争对手网站的整体质量。

- **分析竞争对手网站的 PR 值**｜若竞争对手网站的 PR 值（Page Rank，一种网站排名算法）高，说明其外部链接建设良好。想要在百度等搜索引擎中超越该网站，难度很大。
- **分析竞争对手网站的外部链接数量**｜外部链接是指从别的网站导入到自己网站的链接。外部链接数量是判断竞争对手网站质量及建设力度的重要因素。在查询外部链接时，需要注意两个方面：一是分析竞争对手网站的外部链接数量，包括指向网站首页的外部链接数量；二是分析竞争对手在哪些网站建立了外部链接。
- **分析竞争对手网站的外部链接质量**｜外部链接质量要高，因为高质量的外部链接直接决定着网站在搜索引擎中的权重，所以有时外部链接少的网站，其外部链接的质量高，其排名反而比外部链接多的网站更靠前。
- **分析竞争对手网站的收录量**｜收录量的多少可以反映该网站权重的高低，通常网站的收录量越多，权重也就越高。
- **分析竞争对手网站的内容质量**｜网站的内容质量可以影响收录量。即便权重不高，但如果原创内容很有价值，则收录量也会很多。复制竞争对手网站的内容并在搜索引擎中查询，若出现大量相同内容，则该内容很可能不是原创的。若竞争对手网站的内容原创度很高，则想要超越竞争对手网站的难度就越大。
- **分析竞争对手网站的更新频率**｜分析竞争对手网站近期的更新频率，如查看其网页的收录时间，若都是最近几天收录的，则说明竞争对手网站更新频繁，超越难度也会加大。
- **分析竞争对手网站的内部链接**｜内部链接指网站内部网页与网页之间的相互链接，可以增加内容页权重，使排名更靠前，从而带来更多流量。内部链接对整站优化影响很大，合理分布内部链接能让搜索引擎更好地检索整个网站，进而收录更多网页。
- **分析竞争对手网站的 TDK 设置**｜TDK 设置指网页 <title> 标签以及 <meta> 标签的 Description 和 Keywords 内容，如图 2-1 所示。即网页的标题、描述和关键词。网站标题和描述不能只是公司名称或一句话，要组织得有意义，并融入几个主要关键词。

```
<script>...</script>
<title>多个知名时尚品牌香水产品在中国国际消费品博览会首秀_欧莱雅_海南_展馆</title>
<meta name="keywords" content="品牌,产品,市场,禁曼良,香水,中国,会上,欧莱雅,展馆,海南,八卦爆料,海南日报,香水,欧莱雅,海南,中国国际消费品博览会">
<meta name="description" content="海南日报记者了解到，今年是欧莱雅品牌第二次参与中国国际消费品博览会，与去年相比，欧莱雅专区展馆面积达625平方米，参展规模也进一步扩大。本次中国国际消费品博览会上，欧莱雅旗下YSL全新香水系列——嵌定衣奥香水顺利首发，欧莱雅还带来...">
<meta charset="utf-8">
```

图 2-1｜网站的 TDK 设置

- **分析竞争对手网站的关键词排名**｜分析竞争对手网站的关键词排名可以了解其主要针对哪些关键词做了优化，以及整体优化情况。SEO 人员可以参考这些关键词及其优化情况来制订自己的关键词优化计划。
- **分析竞争对手网站的用户体验**｜网站用户体验好是指能让大多数用户在最短时间内找到想要的内容。查看竞争对手网站中是否具有产品搜索、站内搜索、在线客服、留言系统和相关认证等内容，可直接分析竞争对手网站的用户体验。互联网时代，赢得用户关键在用户体验。从用户进入网站开始，网站就要给用户一种信赖感，让用户觉得该网站是安全的。
- **分析竞争对手网站的友情链接**｜分析竞争对手网站的友情链接指查看与竞争对手网站做交换链接的网站主要有哪些，是不是相关性高、权重高，是否存在不良网站等。若这些友情链接的网站都是同类网站，则会增加超越竞争对手网站的难度。
- **分析竞争对手网站的网站流量**｜分析竞争对手网站的网站流量可判断其市场价值和占有率，从而可判断哪些是主要的竞争对手，以及它们的实力如何。计算网站流量时可参考 Alexa 流量、百度关键词流量、360 搜索流量等数据，以估算网站的大致流量。但需注意，查询结果是理想状态下的流量数据，通常略高于网站的真实流量。
- **分析竞争对手网站的速度**｜现在搜索引擎将网站速度作为影响排名的一个因素。用户若超过 5 秒仍未打开网站，则会关闭网页，造成流量流失。因此若网站速度很慢，则很难有好的排名和流量。

2.1.3　关键词分析

关键词在网站优化中扮演着至关重要的角色。恰如其分的关键词可以使网站在搜索引擎中获得更高的排名，并从中获益颇丰。为此，进行关键词分析便成为一项必不可少的任务，目的是为网站筛选出理想的关键词，并制定一个适宜的关键词排名目标。关键词分析主要包括以下 5 个方面。

- **关键词范围分析**｜在确定网站关键词时，要考虑关键词的范围是否合适。如果范围太宽，就会吸引很多无关的用户，浪费网站资源；如果范围太窄，会错过一些有意向的用户，降低网站收益。只有范围适中，才能给网站带来高质量的目标流量。例如，一个宠物医院的网站只针对北京市的用户，那么"宠物医院"关键词的范围就太宽了，而"北京市朝阳区宠物医院"的范围又太窄了。
- **关键词竞争度分析**｜如果想在短时间内增加网站流量，就不要选择竞争程度非常激烈的关键词作为主关键词，因为这样的关键词在搜索引擎中的排名很难提高。而选择一些竞争度适中的关键词作为主关键词，这样不仅排名容易，而且也不会花费太多的时间和精力。

- **用户搜索习惯分析｜**关键词要符合目标用户的搜索习惯，不同的用户对同样的事物所关注的内容是不同的。例如，"电子书"和"电子阅读器"是两个不同的概念，如果网站的目标用户是喜欢阅读的人群，那么使用"电子书"作为关键词更合适一些；如果目标用户是喜欢科技产品的人群，则"电子阅读器"作为关键词会更好一些。
- **网站相关度分析｜**关键词应该和网站内容相关，相关的关键词不仅对用户是一个正确的引导，也给搜索引擎留下一个好的印象。例如，一个关于汽车保养的网站，它的关键词肯定要和汽车保养相关，如"汽车保养技巧""汽车保养周期""汽车保养费用"等，而不能设置和汽车保养不相关的关键词，如"汽车贷款""汽车保险""汽车评测"等。
- **流行度分析｜**如果一个关键词的流行度很高，想让该关键词上首页是比较困难的。这是因为，流行度高的关键词一般竞争都比较激烈。当然也不能选择一些流行度很低的关键词，因为流行度很低的关键词相对冷门，搜索的用户很少，即使关键词的排名很高，也不会给网站带来大量流量。所以，在设置关键词时，一定要仔细分析关键词的流行度。

经过以上分析，得到一系列关键词，然后根据关键词排名的难易程度及关键词的指数等情况，制定一个关键词优化目标。一般先对主关键词进行优化，再对其他关键词进行优化。

2.1.4　用户需求分析

为了确保网站能够长期运营，用户的需求必须尽量满足。因此，在着手运营网站之前，我们需要先了解用户的期望和需求。例如，一家婚纱摄影网站的用户会关心该网站的摄影风格、套餐价格、拍摄地点、预约流程、服务质量、售后保障等，这些就是用户的需求。不同行业的用户有不同的需求，那么该如何对用户的需求进行分析呢？用户需求分析主要有以下几种方法。

- **通过搜索引擎下拉列表框进行分析｜**在百度等搜索引擎的搜索文本框中输入关键词时，会弹出一个下拉列表框，在其中会显示许多与输入的关键词相关的内容，这是最近一段时间某些用户搜索的内容，按搜索量的大小进行排名，搜索量大排在上面。图 2-2 所示为输入"婚纱摄影"关键词后的效果，从这个下拉列表框中可以知道用户最近想要了解的内容。
- **通过大家还在搜进行分析｜**在百度等搜索引擎中搜索某个关键词后，在搜索结果中的"大家还在搜"栏目中会显示一些其他用户还在搜索的相关关键词，如图 2-3 所示，通过这些关键词可以知道最近用户有哪些需求。

图 2-2｜输入"婚纱摄影"关键词后的效果　　　　图 2-3｜"大家还在搜"栏目

- **通过相关搜索进行分析｜**在百度等搜索引擎中搜索某个关键词后，在搜索结果底部的"相关搜索"栏目中会显示一些与搜索的关键词相关的关键词，如图 2-4 所示，通过这些关键词可以知道最近用户有哪些需求。

- **通过百度指数进行分析**｜百度指数是一个以分析海量网络用户行为数据为基础的数据分享平台，是当前互联网中重要的数据分析平台之一。通过它可以知道某个关键词在百度搜索的规模有多大，一段时间内的涨、跌趋势，关注这些关键词的网民类型和地区分布等，如图2-5所示。

图 2-4｜"相关搜索"栏目

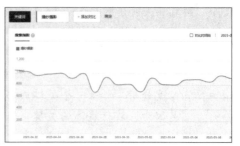

图 2-5｜百度指数

2.2 选择网站域名

选择网站域名是整个 SEO 工作中很重要的一个环节，域名一旦选定就不能轻易更改，因此要选择一个能为 SEO 提供辅助作用，且容易让用户记住的域名。

2.2.1 域名的定义

互联网中的每一个网站都有一个唯一的 IP 地址，但 IP 地址是由 4 个 0~255 的数字组成的，如 163.108.208.215，记忆起来非常困难，于是域名便应运而生，每个域名都对应某个 IP 地址。域名由有意义的字符串组成，比 IP 地址更形象也更容易记忆。

根据级别的不同，域名可以分为国际域名、顶级域名和与国内域名。

- **国际域名**｜国际域名全世界通用，其后缀包括用于公司和商业机构的.com、用于网络服务的.net、用于非营利性组织的.org、用于政府部门的.gov 和用于教育机构的.edu 等。
- **顶级域名**｜顶级域名是区分不同国家或地区的域名，例如，.cn 代表中国，.jp 代表日本等。
- **国内域名**｜国内域名这里特指中国国内域名，以.cn 结尾，如.com.cn（中国公司和商业机构）、.net.cn（中国网络服务）、.org.cn（中国非营利性组织）、.gov.cn（中国政府部门）、.edu.cn（中国教育机构）等。

2.2.2 域名的选择

域名是网站与用户沟通的直接渠道，一个好的域名应该能够让用户轻松地记住，能够让搜索引擎更容易给予权重评级，并提高相关内容关键词的排名。因此，一个好的域名，能在建站之初便抢占先机。

1. 域名后缀对 SEO 的影响

通常情况下国际域名的域名权重要大于顶级域名和国内域名，按照权重排序，依次是：.gov>.edu>.org>.com>.cn>gov.cn>.edu.cn>.org.cn>.com.cn。.gov、.edu 和.org 的权重虽然很高，但一般的公司和个人不能注册，所以从商业角度来看，首选.com 后缀的域名。

2．域名的长短对 SEO 的影响

注册域名时，如果在其中包含网站的核心关键词，往往会导致域名过长。在很多情况下，长域名带来的弊端更多，这是因为长域名用户体验差，会分散权重。而短域名不仅易写易记，而且容易传播，带来的好处比长域名多。因此，如果域名又短又包含关键词就是比较理想的情况。

3．域名的存在时长对 SEO 的影响

域名在搜索引擎中存在时间的长短对 SEO 是有影响的，在搜索引擎中存在时间更长的网站往往能获得更高的权重。因此，注册域名后，即使网站没有制作完成，也要先发布一个简单的网站，待网站制作完成后，再重新发布，这就相当于对一个已经被搜索引擎收录的网站进行更新。这样就可以使网站在搜索引擎中存在更长的时间。

通过购买老域名来做新网站也可以获得同样的效果，但是会存在一定的风险。要注意这个域名原来的网站是否包含非法内容，是否因作弊被搜索引擎处罚过等。此外，如果新网站的内容与原来的网站完全不同，老域名的部分信任度也会被清空并重新计算。

4．域名取名的注意事项

域名是唯一的，每个网站的域名都不相同。域名是用户找到网站的主要方式，因此在推广网站时，通常使用域名配合网站（品牌）名称，以免用户进错网站，造成不必要的分流。在选取域名时应注意以下事项。

- **要尽量短小易记**｜为了使用户能更快地记住自己网站的域名，域名要短小易记，可以使用一个短小的英文单词、企业名称、品牌的汉语拼音或缩写形式、数字加英文或拼音等形式的域名，让用户看到域名就能联想到网站内容。如前程无忧招聘网站的域名就是采用数字谐音加英文单词的形式，可以理解为"我要工作"，既短小又方便记忆。
- **不要使用非主流的域名后缀**｜使用何种形式的域名后缀对搜索引擎是有一定影响的，如.com、.cn、.net 等常见的域名后缀不仅方便用户记忆，而且搜索引擎也会给予更高的权重。而如.cc、.ai、.im、.me 等非主流的域名后缀，是一些小国家或地区的顶级域名，由于管理较为松懈，经常被不法分子用来制作非法网站，因此搜索引擎给予的信任度也较低。
- **不要和其他域名混淆**｜在注册域名时，不要填写和已有知名域名相似的域名，否则容易让用户误解，也不利于推广自己的网站。很多人想利用品牌效应推广自己的域名，但用户根本不会认同，即使误入了网站，当发现并不是他所要访问的网站时，就会认为这个网站是假冒的。
- **要与核心业务相关**｜一个好的域名应该与网站的核心业务相关。这样用户一看到域名就可以知道这个网站是做什么的，这不仅便于用户记忆，还有利于网站的推广。如图书网站域名中可以包含 books，网络营销相关网站的域名中可包含 yingxiao 等。
- **尽量避免文化冲突**｜一些域名在我国是通俗易懂的，但在其他国家或地区就可能产生冲突，从而遭到抵制。所以在选择域名时，应该尽量避免使用可能引起文化冲突的域名。

- **最好与网站名称相同** | 通常用户最容易对网站的名称产生记忆，因此域名应与网站名称相关，最好使用网站名称的拼音、英文的全称或者缩写形式。这对增进相关性、加强品牌的传播以及 SEO 都是非常有利的。

拓展案例

为"川农果业"选择合适的域名

"川农果业"是四川省一家经营水果的网站，为了方便用户记住网站的域名，需要为网站选择一个合适的域名。

在为网站域名取名时，可以尝试汉语拼音首字母、英文单词、英文谐音、数字谐音等组合，然后确定几个域名作为"川农果业"的域名备选。

在域名注册网站中查询，发现 iscfruit.com、5ifruit.com、5iscfruit.com、5iscsg.com 都还没有被注册，最终选择 5iscsg.com 作为"川农果业"的域名。5iscsg 为"我爱四川水果"的数字谐音和汉语拼音首字母的组合，非常容易记忆，其他几个域名包含"水果"的英文单词"fruit"，虽说也很好记，但对于我国用户来说，"水果"的汉语拼音首字母"sg"更加简单易记。

2.3 选择网站服务器

网站服务器是网站的重要组成部分，也是存放网站内容的地方。网站打开速度的快慢、网站的稳定性，都与网站服务器有很大关系，因此，选择一个好的网站服务器有利于增强用户体验，并提高搜索引擎的排名。

扫一扫

微课视频

2.3.1 网站服务器提供商的选择

建设网站的时候，需要存放网站的服务器。如果自己架设服务器，不仅要投入大量的财力购置服务器、铺设光纤，还要学习复杂的服务器配置、维护的相关专业知识。这对于中小企业来说成本太高，所以中小企业可以在网上选择网站服务器提供商，利用其提供的虚拟主机、云服务器等搭建自己的网站。

互联网上有很多网站服务器提供商，其中比较知名的有万网、西部数码和新网等，下面简单进行介绍。

1．万网

万网是阿里云旗下的一家域名注册服务提供商，成立于 1999 年，总部位于中国杭州。万网注册的域名数量在业内处于领先地位，据了解，目前万网已经管理了超过 2 300 万个域名，占据了我国域名市场的相当大的市场份额。万网的首页如图 2-6 所示。

2．西部数码

西部数码是国内知名的互联网服务提供商之一，主要提供域名注册、域名交易、虚拟主机、云服务器、企业邮箱、云建站·小程序、商标·版权、安全、代理合作等一系列互联网基础服务和增值服务。西部数码的首页如图 2-7 所示。

图 2-6 | 万网的首页

图 2-7 | 西部数码的首页

3．新网

新网作为国内知名的互联网服务提供商之一，服务种类非常丰富，涵盖了域名注册、云计算、企业建站、虚拟主机、企业邮箱、SSL 证书等一系列云计算基础设施和应用服务。新网的首页如图 2-8 所示。

图 2-8 | 新网的首页

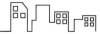

2.3.2 网站服务器的选择

目前常用的网站服务器类型主要有虚拟主机和云服务器。虚拟主机是一种已经发展了较长时间的技术，近几年随着技术的不断成熟，其价格越发低廉，成为众多中小企业网站和个人网站的首选。但随着云计算的出现，云服务器也受到很多企业的关注。

1．虚拟主机与云服务器的区别

虚拟主机指利用虚拟技术将一台物理服务器划分为多个"虚拟"服务器。虚拟主机大大节省了服务器硬件的成本，因此其租用价格比较便宜。虚拟主机的关键技术在于，即使在同一台硬件、同一个操作系统上，运行着为多个用户打开的不同的服务器程序，虚拟主机之间也互不干扰，并且每一台虚拟主机的表现和独立主机没有什么差别。虚拟主机也有其缺点，由于多个用户共享一台服务器，因此其访问速度和流量受到一定的限制。

云服务器又称云主机，可提供一种简单高效、安全可靠和处理能力可弹性伸缩的计算服务。云服务器具有独立的带宽和 IP 地址，用户可以根据需求自主安装各种操作系统并配置相应的运行环境，可以按需购买，升级也比较灵活。此外，云服务器还提供双重备份功能，这样数据安全又多了一份保障。

2．虚拟主机与云服务器的选择

虚拟主机与云服务器是两种不同类型的网站服务器，需要根据网站自身的特点来进行选择。

- 如果网站暂时不能带来收益且成本预算较少，建议选择虚拟主机，因为其价格低廉，是中小企业网站和个人网站的首选。
- 如果网站对安全性要求不高，那么可以选择虚拟主机，因为云服务器的安全防护比虚拟主机要高。
- 如果缺乏相应的技术人员，可以选择虚拟主机，因为其软件配置、防病毒和防攻击等安全措施都由专业服务商提供，且虚拟主机只需要几分钟的时间就可以开通，网站建设的效率非常高，用户无须具备技术能力。
- 如果预算比较充足，网站规模也比较大，对安全性要求较高，可以选择云服务器，因为虚拟主机的流量限制、空间限制等较严，当网站发展到一定规模后，虚拟主机的性能就会成为网站发展的瓶颈。而云服务器则可以在不断网的情况下灵活地对带宽、空间大小、CPU、内存等进行升级。

2.3.3 网站服务器对 SEO 的影响

在购买网站服务器之前，还需要了解网站服务器的速度和稳定性对 SEO 的影响，避免出现搜索引擎收录页面数量过低或网站被搜索引擎删除等情况。

1．网站服务器的速度对 SEO 的影响

网站服务器的速度会影响搜索引擎对网站页面的收录效率。每个网站在搜索引擎中都有一个权重，搜索引擎会根据网站权重分配一个与之对应的抓取总时间，网站权重越高，分配的时间就越长。如果网站速度比较慢，搜索引擎抓取一个页面的时间就会很长，抓取页面的数量就会下降，这样就会影响网站收录页面的数量。因此可以看出，网站服务器的速度将直接影响

SEO 的效果。此外，网站服务器的速度还会影响用户体验，试想一下，如果用户挑选一个产品准备下单，但是页面打开速度过慢，影响了用户的心情，这笔订单很可能会因此而流失。

2．网站服务器的稳定性对 SEO 的影响

如果网站服务器不稳定且经常死机，会导致网站无法访问，网络蜘蛛也就无法进入网站内部爬行页面，更不能进行抓取。这样不但无法及时更新页面内容，而且会让搜索引擎认为网站已经关闭，从而降低抓取频率。如果网站经常无法访问，就应及时更换其他网站服务器提供商。

2.3.4　网站服务器必要功能的支持

在对网站进行优化时，经常需要对网站服务器的一些功能进行设置，但是某些网站服务器（主要是虚拟主机）并不支持这些设置，从而导致无法进行优化。因此，购买网站服务器时，需要了解网站服务器是否具备 SEO 必要的功能支持。

1．是否支持 404 页面功能

用户浏览网页时，经常会遇到找不到网页文件的情况。例如，网页 URL 生成规则发生改变、网页文件更名或移动位置、导入链接拼写错误等，都可能导致原来的 URL 地址无法访问。这时服务器会返回一个 404 状态码，告诉浏览器要请求的资源并不存在。如果没有设置 404 页面，浏览器将提示该页面无法显示或 404 Not Found 等信息，如图 2-9 所示，此时用户就只能关闭网页。

设置 404 页面后，当用户打开的页面不存在或链接错误时，将打开设置的 404 页面，在该页面中可以引导用户使用网站的其他页面或直接跳转到网站的首页，而不是关闭网页离开，如图 2-10 所示。

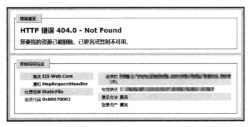

图 2-9 | 404 错误

图 2-10 | 404 页面

2．是否支持网站日志下载功能

网站日志文件是记录 Web 服务器接收处理请求和运行时的错误等各种原始信息的文件，其后缀名为.log。通过网站日志文件可以获取用户访问网站的情况，包括 IP 地址、访问时间、使用的操作系统、使用的浏览器、访问的页面，以及是否访问成功等信息。

对于 SEO 人员而言，网站日志文件可以帮助他们获取网络蜘蛛爬行网站的情况，包括网络蜘蛛名称、IP 地址、访问时间、访问次数、访问的页面，以及访问页面时返回的状态码等。这些数据都能让 SEO 人员有针对性地对网站进行优化调整。

3．是否支持 301 重定向功能

在进行网站建设时，经常会遇到需要网页重定向的情况。例如，改变网站的目录结构、

移动网页位置和改变网页扩展名等，此时，如果不做重定向，当用户访问到用户收藏夹或搜索引擎数据库中的旧地址时，只能得到一个 404 错误信息，网站即白白流失了访问量。另外，有些网站注册了多个域名，也需要通过重定向功能让访问这些域名的用户自动跳转到该网站。

301 重定向是网页自动跳转技术中非常重要且有效的一种方法。当设置了 301 重定向后，用户或搜索引擎向网站服务器发出浏览请求时，服务器返回的 http 数据流的头信息（header）中包含的 301 状态码将告诉浏览器本网页永久性转移到另一个地址。

2.4 本章实训

2.4.1 实训背景

"萌萌宠"是一家专注于宠物销售的商店，致力于为各类宠物提供高品质而多元化的产品与服务。萌萌宠的产品矩阵极为丰富，涵盖了狗、猫、小型哺乳动物、鸟类等宠物的全方位用品。萌萌宠准备在互联网上销售宠物用品，并决定建设萌萌宠网站，为了使网站在搜索引擎中获得更好的排名，萌萌宠需要选择适合 SEO 的域名和网站服务器。

- 选择域名时，需要集思广益、发挥想象，从而选择出既简单易记又含义独特的好域名。
- 选择网站服务器时，需要考虑网站的规模、网站要实现的功能、网站所使用的技术等因素。

扫一扫

微课视频

2.4.2 实训要求

（1）为萌萌宠选择合适的网站域名。
（2）为萌萌宠选择合适的网站服务器。

2.4.3 实训步骤

（1）进入万网的首页，注册登录后，在域名文本框中输入要注册的域名文本"mmcpetshop"，单击 查询域名 按钮，如图 2-11 所示。其中"mmc"为"萌萌宠"的汉语拼音首字母，"pet"为"宠物"的英文、"shop"为"商店"的英文，这样意思很明确，便于用户记忆，同时也包含要优化的关键词。

图 2-11 | 输入域名

（2）在打开的页面中可以看到"mmcpetshop.com"还没有被注册，根据需要单击相应域名右侧的 加入清单 按钮，将该域名添加到域名清单，然后单击 🛒 域名清单 ❶ 按钮，如图 2-12 所示。

图 2-12 | 加购域名

（3）打开"域名清单"列表，单击 立即购买 按钮，如图 2-13 所示。

（4）打开"确认订单"页面，在其中设置域名的购买年限和域名持有者的信息，并选中"我已阅读，理解并接受〔域名服务条款〕"复选框。然后单击 立即购买 按钮，在打开的"支付"网页中支付款项，完成域名的注册。

（5）在网页上方的搜索文本框中输入"虚拟主机"文本，如图 2-14 所示，再单击 搜索 按钮。在打开的网页中单击 产品详情 按钮，如图 2-15 所示。

（6）在打开的网页中向下滚动到"产品功能"板块，在其中的"文件管理"和"环境设置"中可以看到阿里云的虚拟主机支持网站日志下载、301 重定向和 404 错误页面功能，如图 2-16 所示。

图 2-13 | 购买域名

图 2-14 | 搜索"虚拟主机"

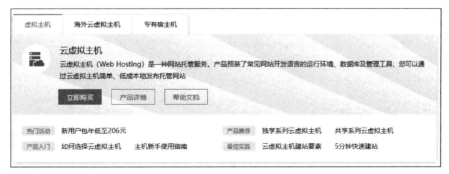

图 2-15 | "虚拟主机"页面

图 2-16 | 查看产品功能

（7）向上滚动网页到"产品规格"板块，单击"独享标准增强版"下的 立即购买 按钮，如图 2-17 所示。

（8）在打开的网页中可以对服务器的配置进行更详细的调整，完成后单击"当前配置"栏中的 立即购买 按钮，如图 2-18 所示。

图 2-17 | 选择虚拟主机

图 2-18 | "当前配置"栏

（9）打开"确认订单"页面，单击选中"我已阅读，理解并接受〔网页独享虚拟主机标准增强版在线服务条款〕"复选框，然后单击 立即购买 按钮，在打开的"支付"网页中支付款项，完成网站服务器的购买。

职业素养

SEO 可以让网站排名更靠前，SEO 人员在工作的过程中，要考虑让网站提供有价值的内容和服务，使用户获得更好的体验和满足感。因此，SEO 人员应该始终以用户为中心，构建具有良好用户体验的网站，并注重网站质量的提高。

2.5 课后练习

一、填空题

1. 网站市场定位主要包括网站的_____、_____和_____3个方面。

2. 域名根据级别的不同可以分为＿＿＿＿＿＿、＿＿＿＿＿＿和＿＿＿＿＿＿。

二、单项选择题

1. 不同的域名有不同的含义，下列选项中，属于国际域名的是（　　）。

   A．.cn   B．.com   C．.net.cn   D．.com.cn

2. 下列关于域名的选择，说法错误的是（　　）。

   A．要尽量短小易记   C．可以使用较为独特的域名后缀

   C．最好与网站名称相同   D．不要和其他域名混淆

3. 不属于网站空间功能要求的是（　　）。

   A．是否支持二次开发   B．是否支持 404 页面功能

   C．是否支持网站日志下载功能   D．是否支持 301 重定向功能

三、判断题

1. 域名中包含目标关键词，虽然会导致域名过长，但不会给网站带来不利影响。

                                  （　　）

2. 购买二手域名时，不需要了解域名的买卖历史，因为网站需要重新创建，所以买卖历史不会影响新站的权重。   （　　）

3. 如果服务器的速度比较慢，对大型和小型网站都会有很大的影响。   （　　）

四、简答题

1. 简述适合 SEO 的网站服务器需要支持哪些功能。

2. 简述虚拟主机与云服务器的区别。

3. 简述网站服务器的稳定性对 SEO 的影响。

五、操作题

"川茶阁"是一家致力于为广大茶叶爱好者提供高品质、正宗的四川茶叶的电商平台。请为"川茶阁"选择一个合适的域名。

第3章　网站结构优化

本章导读

网站结构优化是 SEO 的基本内容之一。一方面，合理的网站结构能够精准地传递网站的基本内容以及内容之间的逻辑关系，有利于网络蜘蛛的爬行；另一方面，站在用户的角度去优化网站结构，能够使用户更快速地获取所需的信息，进而使网站获取更多的精准用户。

学习目标

| 掌握网站物理结构和链接结构优化的方法
| 掌握避免蜘蛛陷阱的方法
| 掌握限定搜索引擎抓取范围的方法
| 掌握 URL 优化的方法
| 能够生成 robots.txt 文件
| 能够实现 URL 静态化
| 能够设置 301 跳转
| 培养独立思考和分析问题的能力
| 培养创新设计和解决问题的能力
| 培养沟通和团结协作的能力

3.1 网站物理结构的类型及优化

网站物理结构指网站文件夹以及文件所存储的真实位置所表现出来的结构。一般情况下，网站物理结构包含扁平网站结构和树形网站结构两种类型。

扫一扫

微课视频

3.1.1 扁平网站结构

扁平网站结构指网站的所有页面保存在网站根目录下。对于这种结构的网站，网络蜘蛛抓取效率高，只需要一次访问就能遍历网站中的所有页面。这种结构有利于网站的检索和排名。图 3-1 所示为扁平网站结构。

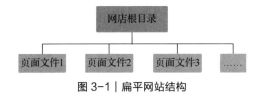

图 3-1 | 扁平网站结构

通常情况下，扁平网站结构更适用于简单的小型网站，这是因为大型网站的网页数量比较多，如果将大量的网页文件保存在网站根目录下，会使整个网站难以管理，查找和维护工作也会非常麻烦，容易造成混乱。

3.1.2 树形网站结构

树形网站结构指将网站中的网页文件按照类别和从属关系保存到网站中不同的文件夹和子文件夹中。树形网站结构类别层次清晰、识别度高，可以很方便地进行管理和维护。搜索引擎在处理其内部链接时，也可以更加容易地传递网页权重。图 3-2 所示为树形网站结构，这种结构适合内容类别多、容量大的综合性网站。

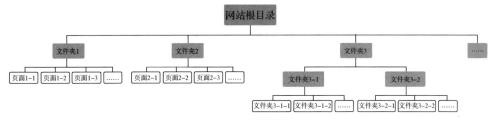

图 3-2 | 树形网站结构

随着树形网站结构层次的增加，网络蜘蛛的抓取速度会有所下降；而且过于密集的网站结构也会导致网站混乱、链接复杂，严重影响网络蜘蛛的抓取效率。因此，对树形网站结构的优化至关重要。

树形结构网站的文件夹结构有多个不同层级，如图 3-3 所示。在优化时，需要针对不同层级进行相应的优化。

● **一级文件夹** | 一级文件夹也被称为网站根目录，是整个网站物理路径中最外面的一层。一级文件夹用于放置最重要的或对网站运行有帮助的文件。如网站的首页文件、

系统文件、网站地图和下级目录文件夹等。

- **二级文件夹｜**二级文件夹主要用于区分前端文件、后台管理文件、配置文件和日志记录文件。例如，"admin" 文件夹中保存的是控制网站后台的文档、图片、更新文章等内容；"includes" 文件夹中保存的是网站需要使用的公用文件，如图片、CSS样式文档和 JavaScript 脚本文件等；"content" 文件夹中保存的是网站的主要内容，如产品信息、产品服务等；"logfiles" 文件夹中保存的是网站的日志文件。

- **三级文件夹｜**三级文件夹主要用于保存各类内容文件，是对二级文件夹的再次细分，以减轻二级目录的维护量。

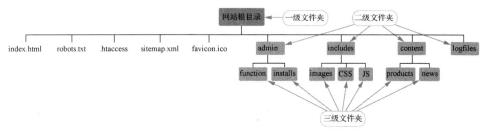

图 3-3｜树形结构网站文件夹分级

 3.2 网站链接结构优化

链接结构又称逻辑结构，是由网站内各页面之间的链接所形成的网络结构。链接结构优化的基本要求就是有层次，一般情况下各页面之间的层次不应超过 3 层，图 3-4 所示为网站内部链接结构示意图。

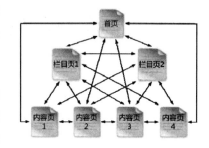

这样的交叉链接结构，一方面，有利于引导和扩展网络蜘蛛的爬行，增加网站被收录的页面量；另一方面，能够引导用户浏览网站中的其他页面，增加用户在网站中的停留时长和访问深度。

图 3-4｜网站内部链接结构示意图

3.3 避免蜘蛛陷阱

蜘蛛陷阱是一些会妨碍网络蜘蛛爬行的网页制作技术，这些技术通常用于提升页面显示效果或增加交互等，在浏览器中可以正常显示，但会影响网络蜘蛛的爬行和抓取。消除网站中的蜘蛛陷阱，可以使搜索引擎收录到更多的网页。下面介绍一些常见的蜘蛛陷阱。

扫一扫

微课视频

3.3.1 Flash

Flash 曾经是一种非常流行的网站设计技术,许多网页设计师喜欢使用 Flash 制作网站首页、导航甚至整个网站。然而，由于网络蜘蛛无法读取 Flash 中的文字以了解其内容，也无法抓取 Flash 中的链接来访问网站中的其他页面，因此 Flash 动画往往会成为蜘蛛陷阱，严重影响搜索引擎对网站的抓取效果。此外，Flash 技术已经被淘汰，绝大多数浏览器已经停止支持 Flash。

3.3.2 Session ID

为了区分不同的用户，服务器会为每一个用户分配一个唯一的 Session ID（会话标识）。有些网站为了分析用户的信息，会在 URL 中增加 Session ID 来进行跟踪。然而，网络蜘蛛每次访问网站页面时都会被视为新用户，因此每次 URL 中都会产生不同的 Session ID，导致出现同一页面的 URL 不同的情况。这会让搜索引擎认为网站中存在大量重复的内容，从而减少网络蜘蛛的爬行。因此，应该尽量避免在网页 URL 中增加 Session ID。

3.3.3 JavaScript 链接

有些网站为了实现一些更吸引人的视觉效果，使用 JavaScript 脚本来制作导航，这也是非常严重的蜘蛛陷阱。虽然搜索引擎对于 JavaScript 链接是可以跟踪、拆解和分析的，但是为了提高网站对搜索引擎的友好度，使网页能够更好地被网络蜘蛛爬行，还是需要使用最简单的<a>标签来制作链接，尤其是导航系统。

3.3.4 动态 URL

动态 URL 指网页的 URL 是动态生成的，其中包含很多符号或网址参数等。虽然随着搜索引擎技术的发展，网络蜘蛛抓取动态 URL 的网页已经越来越不是问题，但带有过多参数的动态 URL 还是不利于网络蜘蛛的爬行，所以需要将动态 URL 转换为静态 URL。

3.3.5 登录要求

有些网站需要注册登录后才能访问网页，这些网页对于网络蜘蛛是不可见的，因为网络蜘蛛不会注册，更无法输入用户名和密码来进行登录。对于那些可以公开展示的、不是仅限于会员才能访问的网页，就没必要设置为必须登录后才能访问。

3.3.6 各种跳转

有些网站会采用大量的跳转方式，如 JavaScript 跳转、MetaRefresh 跳转、Flash 跳转和 302 跳转等。虽然这些跳转设置可以让用户自动跳转到其他网页，但是它们在一定程度上会对网络蜘蛛的爬行带来障碍，同时也存在欺骗用户和搜索引擎的嫌疑。因此，在使用跳转时，应慎重考虑，并尽量避免使用除 301 永久跳转以外的其他跳转方式。

3.3.7 框架结构

在早期的网站中，框架结构被广泛使用，这是因为它对网站页面的维护有一定的便利性。但是，需要注意的是，使用框架结构会对搜索引擎的收录产生非常不利的影响。随着各大内容管理系统的不断发展，网站的维护变得越来越简单。使用内容管理系统可以让我们轻松地管理网站的内容和布局，而且还可以自动适应各种设备，提升网站的用户体验。因此，网站

应该尽量避免使用框架结构。

3.3.8 强制使用 cookies

有些网站为了实现某些功能，会采取强制使用 cookies 的方式，如跟踪用户访问路径、记住用户信息，甚至盗取用户隐私等。如果用户在访问时没有启用 cookies，网页将无法正常显示。而网络蜘蛛就相当于一个禁用了 cookies 的浏览器，因此，强制使用 cookies 的网站，网络蜘蛛也无法正常访问。

3.3.9 深层次的网页

有的网页距离网站首页很远，需要单击多个链接才能到达，这种页面很难被网络蜘蛛爬行到。网站中的网页要被搜索引擎收录，需要有一定的权重。网站首页的权重一般是最高的，然后权重通过链接传递到下一层网页；每向下传递一层，权重就会有所降低。当权重降低到一定程度后，就不会被搜索引擎收录。因此，内部网页和首页的单击距离越近，就越容易获得更高的权重，也就越容易被收录。

3.4 限定抓取范围

robots.txt 文件是一个文本文件，可以使用任何文本编辑软件进行编辑，如 Windows 系统自带的记事本。robots.txt 文件的作用是控制搜索引擎蜘蛛的访问范围，从而保护网站的隐私和安全。当搜索引擎蜘蛛访问网站时，会首先检查该网站根目录下是否存在 robots.txt 文件。如果存在，蜘蛛会按照文件中的内容来决定哪些页面可以被访问，哪些页面需要被禁止访问。如果不存在，蜘蛛将会访问网站上的所有页面。因此，编写一个有效的 robots.txt 文件对于网站的 SEO 优化和安全防护至关重要。

3.4.1 robots.txt 文件的结构

在 robots.txt 文件中通常以一行或多行 User-agent 开始，后面加上若干 Disallow 和 Allow 行，最后还有一个 Sitemap 行，例如下面这段代码。

```
01  User-agent:baiduspider
02  Disallow:/folder1/
03  Allow:/folder1/myfile.html
04  Disallow:/admin/*?
05  Disallow:/*.asp$
06  Sitemap:http://www.×××.com/sitemap.xml
```

其中代码含义如下。

- **User-agent**｜该项的值用于描述网络蜘蛛的名字。如第 01 行中的"baiduspider"表示百度的网络蜘蛛，后面第 02 行到第 05 行的设置将只对百度的网络蜘蛛有效。在 robots.txt 文件中至少要包含一条 User-agent 记录，如果将该项的值设为*，则表示文件设置对所有搜索引擎均有效。
- **Disallow**｜该项的值用于描述不希望被访问的 URL，这个值可以是一条完整的

URL，如"/folder1/index.html"，表示不允许访问"folder1"文件夹下的"index.html"文件；也可以是 URL 的前缀，即以这个前缀开头的所有 URL 都不允许访问，例如"/folder1/"表示不允许访问"folder1"文件夹下的所有文件和文件夹。如果 Disallow 的值为空，即"Disallow:"表示允许访问网站中的所有 URL。一般来说，在 robots.txt 文件中，至少要有一条 Disallow 记录，否则"robots.txt"文件将没有任何效果，所有搜索引擎都可以访问网站中的所有 URL。

- **Allow**｜该项的值用于描述希望被访问的 URL，与 Disallow 一样，这个值可以是一条完整的路径。一个网站的所有 URL 默认都是允许访问的，所以 Allow 通常与 Disallow 搭配使用，先用 Disallow 禁止访问某个文件夹中的所有 URL，再用 Allow 来允许访问其中可以被访问的 URL。
- ***通配符**｜表示任意长度的字符，如第 04 行表示禁止抓取"admin"文件夹下的所有带"?"号的 URL。
- **$结束符**｜表示 URL 结束，后面没任何字符，如第 05 行表示禁止抓取所有以".asp"结尾的 URL。注意这里不能直接写成"Disallow:/*.asp"，因为不加结束符"$"，则"asp"后面还可以跟任意字符，如".aspx"".asp?id=001"等，这些都会被禁止访问。
- **Sitemap**｜表示网站地图文件的 URL，网络蜘蛛会根据该 URL 找到网站地图文件。

经验之谈

常见的网络蜘蛛名字如下。

百度蜘蛛：Baiduspider；Yahoo 蜘蛛：Slurp；Alexa 蜘蛛：ia_archiver；MSN 蜘蛛：MSNbot；Altavista 蜘蛛：Scooter。

3.4.2 使用工具生成 robots.txt 文件

手动编写 robots.txt 文件比较复杂，所以可以使用一些工具来自动生成该文件。

拓展案例

使用工具生成 robots.txt 文件

扫一扫

微课视频

下面使用站长工具网中的"robots.txt 生成"工具生成 robots.txt 文件，具体操作如下。

（1）进入站长工具网，将鼠标指针移动到"热门工具"导航上，在弹出的下拉列表中单击"robots.txt 生成"超链接，如图 3-5 所示。

图 3-5｜单击"robots.txt 生成"超链接

（2）进入"robots.txt 生成"页面，在其中可以设置要限制访问的目录、网站地图（Sitemap）、检索间隔以及搜索引擎等内容，如图 3-6 所示。

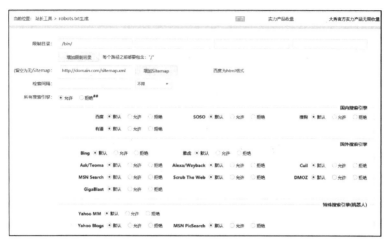

图 3-6 ｜ "robots.txt 生成"页面

（3）设置完成后，单击 ▇▇ 按钮，将会在下面的文本框控件中生成 robots.txt 文件内容，如图 3-7 所示。

（4）将其中的内容（删除第一行内容后）复制到文本文件中并保存为"robots.txt"文件，然后上传到网站的根目录中。

图 3-7 ｜ 生成 robots.txt 文件内容

3.5 设置网站地图

网站地图是根据网站的结构、框架、内容生成的网站导航文件，是网站中所有链接的容器。很多网站的链接层次比较深，网络蜘蛛很难全部抓取，而网站地图可以引导网络蜘蛛抓取网站中难以抓取的网页。

网站地图的名称为 Sitemap，一般存放在网站根目录下，其格式有 HTML、XML、TXT 3 种。百度建议使用 HTML 格式的网站地图。

手动制作网站地图比较麻烦，因此可以使用一些工具来自动生成网站地图文件。

拓展案例

使用 SiteMapX 制作网站地图

下面使用 SiteMapX 软件制作网站地图，具体操作如下。

（1）下载并安装 SiteMapX，双击桌面中的"SiteMapX"图标启动 SiteMapX，单击"新建"按钮 打开"添加工程"对话框，在其中设置工程名称和组名，然后单击 按钮，如图3-8所示。

（2）进入"基本信息"选项卡，在"Base地址"文本框中输入要制作网站地图的域名，在"抓取文件目录深度"下拉列表框中设置要抓取的文件目录深度，其他的选项保持默认不变，单击 按钮，如图3-9所示。

扫一扫

微课视频

图 3-8 | 添加工程

图 3-9 | 基本信息设置

（3）进入"XML设置"选项卡，在其中设置网站地图的格式和风格，完成后单击 按钮，如图3-10所示。

（4）进入"Robots设置"选项卡，取消选中"是否上传robots.txt文件"复选框，完成后单击 按钮，如图3-11所示。

图 3-10 | XML 设置

图 3-11 | Robots 设置

（5）SiteMapX开始抓取网站中的链接，抓取完成后单击 按钮，如图3-12所示。

（6）在打开的界面中显示抓取到的链接，单击 按钮，打开"生成Sitemap文件"对话框，如图3-13所示，然后单击 按钮。

图 3-12 | 抓取网站中的链接

图 3-13 | 生成 Sitemap 文件

（7）在打开的文件夹中可以看到生成的文件，如图 3-14 所示，将 sitemap.html、sitemap.txt 和 sitemap.xml 这 3 个文件上传到网站的根目录中。

图 3-14｜生成的文件

3.6　URL 优化

URL 是用户浏览网页以及搜索引擎抓取网页的入口，URL 的长度和复杂程度会影响搜索引擎对网页的抓取、收录和排名，所以对 URL 进行优化是非常重要的。URL 优化的内容包括 URL 静态化、URL 规范化、设置 301 跳转及使用 canonical 标签属性。

▍3.6.1　URL 静态化

网站 URL 有静态 URL 和动态 URL 两种，由于搜索引擎对动态 URL 的支持不如静态 URL 好，所以需要对动态 URL 进行静态化处理。

1．静态 URL 和动态 URL 的区别

静态 URL 是直接以网页文件名或文件夹名结尾的 URL，如 http://www.×××.com/news/。而动态 URL 在网页文件名后还会添加很多参数，在其中会包含"?""=""&""%"等特殊符号，如 http://www.×××.com/news/index.html?date=20190812&newsid=321。

静态 URL 和动态 URL 除了形式上的区别，其对应网页的生成方式也有所不同。静态 URL 网页的内容是固定的，不会动态改变；而动态 URL 网页中的内容会根据参数的不同动态生成网页内容。

2．动态 URL 对网络蜘蛛的影响

动态 URL 会对网络蜘蛛的爬行造成影响，主要表现为使网络蜘蛛陷入无限循环和使网络蜘蛛抓取到大量重复内容。

- **使网络蜘蛛陷入无限循环**｜最典型的无限循环就是万年历，如图 3-15 所示，如果网络蜘蛛一直跟踪万年历的链接，就会一直产生 year、month、day 等参数值不同的 URL，无穷无尽，从而使网络蜘蛛陷入无限循环。
- **使网络蜘蛛抓取到大量重复内容**｜动态 URL 可能造成大量的重复页面，如下面 3 个 URL 只是参数的顺序不同，其内容都是编号为 159 的蓝色裙子，但对于网络

图 3-15｜万年历

蜘蛛来说这是 3 个不同的网页，网络蜘蛛就会重复抓取，降低网站页面的收录效率，从而影响网页的收录和排名。

```
01   http://www.×××.com/product.asp?category=skirt&color=blue&id=159
02   http://www.×××.com/product.asp?id=159&color=blue&category=skirt
03   http://www.×××.com/product.asp?id=159&category=skirt&color=blue
```

3．如何进行 URL 静态化

最常见的 URL 静态化方法是通过服务器的 URL Rewrite 功能，将动态 URL 转化为静态 URL，这样用户和搜索引擎访问的是静态 URL，而在服务器端访问的还是原来的动态 URL。

拓展案例

在 IIS 管理器中设置 URL 静态化

下面在 IIS 管理器中将 "product.asp?category=skirt&color=blue&id= 159" 形式的动态 URL 转换为 "product_skirt_blue_159.html" 形式的静态 URL，具体操作如下。

扫一扫

微课视频

（1）下载并安装 URL Rewrite 后启动 IIS 管理器，在左侧的"连接"栏中选择要进行设置的网站。在中间的功能模块中双击"URL 重写"图标，然后在右侧的"操作"栏中单击"打开功能"超链接，如图 3-16 所示。

图 3-16｜双击"URL 重写"图标

（2）打开"URL 重写"界面，在"操作"栏中单击"添加规则"超链接，打开"添加规则"对话框，在"入站规则"栏中选择"空白规则"选项，然后单击 确定 按钮，如图 3-17 所示。

图 3-17｜"添加规则"对话框

（3）打开"编辑入站规则"界面，在"名称"文本框中输入规则名称"URL 静态化"，在"模式"文本框中输入"^product_(\d+)_(\d+)_(.*).html$"，在"重写 URL"文本框中输入"/product.asp?category={R:1}&color={R:2}&id={R:3}"，最后单击右侧"操作"栏中的"应用"选项应用规则，如图 3-18 所示。

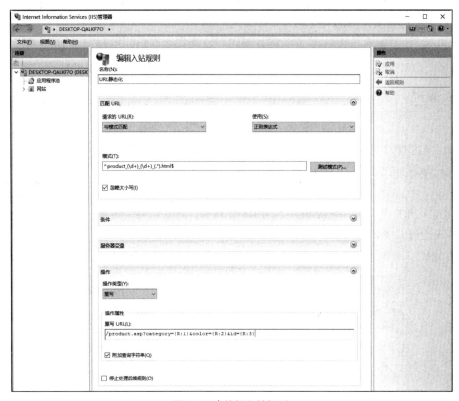

图 3-18 | 编辑入站规则

　　（4）此时在浏览器中输入静态 URL "product_skirt_blue_159.html"进行访问，在服务器端就会自动访问动态 URL "product.asp?category=skirt&color=blue&id=159"。

经验之谈

　　模式中的(\d+)和(.*)是正则表达式，(\d+)表示只匹配数字，(.*)表示匹配任何字符，包括汉字、英文和字母等。第 1 个(\d+)处于第 1 位，对应重写 URL 中的{R:1}；第 2 个(\d+)处于第 2 位，对应重写 URL 中的{R:2}；(.*)处于第 3 位，对应重写 URL 中的{R:3}。如果动态 URL 还有更多参数，只需继续添加正则表达式及对应的{R:4}{R:5}...即可。

3.6.2　URL 规范化

　　有些网站在制作的过程中会产生很多不规范的 URL，这些不规范的 URL 会产生多个不同的 URL 指向同一个页面的现象，但搜索引擎会认为它们是不同的页面，这样从上级页面传递下来的权重就会被分散，从而影响网站排名。URL 规范化就是在这些不规范的 URL 中挑选一个最合适的 URL 作为页面真正的 URL。

1. 产生不规范 URL 的原因

产生不规范 URL 的原因有很多，主要有以下几种情况。

- **是否包含 www**｜在很多网站中，其域名的主机名为 www 时是可以省略的，这样一个网页的 URL 就会有包含和不包含 www 两种情况，如 http://www.×××.com 和 http://×××.com 都能打开网站首页。

- **是否包含默认网页文件名**｜当要访问的网页是某个文件夹中的默认网页文件时，在 URL 中是可以省略的，这样也会产生包含和不包含默认网页文件名两种情况的 URL，如 http://www.×××.com/news/index.html 和 http://×××.com/news/ 都可以打开 news 文件夹下的默认网页文件 index.html。

- **末尾是否包含斜杠**｜当一个 URL 指向一个文件夹时，文件夹名称后可以有斜杠，也可以没有斜杠，如 http://www.×××.com/news/ 和 http://www.×××.com/news，这两个 URL 都会打开 news 文件夹下的默认网页文件。

- **是否为加密网址**｜有些网站由于设置错误，可以同时访问加密网址和非加密网址，如 https://www.×××.com 和 http://www.×××.com。

- **URL 中有端口号**｜当网页服务的端口为默认的 80 端口时，在 URL 中通常是省略的。如果 URL 中包含端口号就会产生包含和不包含端口号的两种 URL，如 http://www.×××.com:80 和 http://www.×××.com。

- **包含跟踪代码**｜有些网站为了跟踪用户信息，会在 URL 后面加跟踪代码，如 http://www.×××.com/?affid=100 和 http://www.×××.com/?affid=108 等，这样网页就会产生多个不同的 URL。

- **网站程序的原因**｜有些内容管理系统可能会出现一个网页可以通过几种不同的 URL 进行访问的情况。

- **URL 静态化设置错误**｜同一篇文章有多个静态化的 URL 可以访问，或者静态 URL 和动态 URL 共存，都可以访问。

2. 如何解决不规范 URL

解决不规范 URL 的方法主要有以下 4 种。

- 所有内部链接要保持统一，都指向规范化网址。如确定含有 www 为规范化 URL 后，网站的所有内部链接都要统一使用含有 www 的 URL。

- 对旧网站进行更新时，原有的 URL 可能不规范，但已经被搜索引擎收录，或被其他网站作为外部链接使用，不可能全部废弃不用。这时，使用 301 跳转可以把旧的不规范 URL 转向到新的规范化 URL 上，并且还可以将原有的权重传递过来。

- 使用 canonical 标签告诉搜索引擎哪个 URL 是规范的，让搜索引擎只收录该 URL，从而避免产出重复内容。

- 在选择内容管理系统时，要选择不会产生不规范 URL 的内容管理系统。

3.6.3 设置 301 跳转

301 一般是指 301 重定向，是一种非常重要的自动转向技术。设置了 301 跳转后，当用户或网络蜘蛛向网站服务器发出访问请求时，服务器返回的 HTTP 数据流的头信息（header）

的状态码为 301，表示本 URL 永久性转移到另一个 URL。

使用 301 跳转将网页 A 重定向到网页 B，搜索引擎就会认定网页 A 的 URL 永久性改变，就会把网页 B 的 URL 当作唯一有效目标。这是搜索引擎唯一推荐的不会产生怀疑的跳转方法，更重要的是，网页 A 积累的页面权重将被传递到网页 B。

设置 301 跳转的方法有多种，下面介绍在 IIS 管理器中设置 301 跳转，以及在 Apache 服务器中设置 301 跳转的方法。

1．在 IIS 管理器中设置 301 跳转

在 IIS 管理器中可以使用"HTTP 重定向"来设置 301 跳转。

拓展案例

在 IIS 管理器中设置 301 跳转

在 IIS 管理器中设置 301 跳转的具体操作如下。

（1）打开"Internet Information Services（IIS）管理器"窗口，在左侧的"连接"栏中选择要设置重定向的网站。在中间的"IIS"栏中双击"HTTP 重定向"图标，如图 3-19 所示。

扫一扫

微课视频

图 3-19｜双击"HTTP 重定向"图标

（2）打开"HTTP 重定向"界面，单击选中"将请求重定向到此目标"复选框，并在下方的文本框中输入要跳转到的域名，单击选中"将所有请求重定向到确切的目标（而不是相对于目标）"复选框，在"状态代码"下拉列表框中选择"永久（301）"选项。在右侧的"操作"栏中单击"应用"选项应用设置，如图 3-20 所示。

图 3-20｜设置 301 跳转

2．在 Apache 服务器中设置 301 跳转

在 Apache 服务器中有个.htaccess 文件，在这个文件中可以对 Apache 服务器进行包括 301 跳转在内的很多设置。

如要将域名 www.×××123.com 重定向到 www.×××abc.com，只需在.htaccess 文件中输入下列代码。

```
01  RewriteEngine On
02  RewriteCond %{HTTP_HOST} !^www.×××123.com$ [NC]
03  RewriteRule ^(.*)$ http://www.×××abc.com/$1 [R=301,L]
```

3.6.4 使用 canonical 标签属性

对于一组内容完全相同或高度相似的网页，通过 canonical 标签属性可以告诉搜索引擎哪个页面是规范的网页，从而避免搜索结果中出现多个内容相同或相似的页面。同时还可以增加规范网页的权重，优化规范网页的排名。

例如，有 3 个展示相同款式连衣裙的网页，内容完全相同，只是颜色不同，其 URL 分别如下。

```
01  http://www.×××.com/dress/show.html
02  http://www.×××.com/dress/show.html?color=blue
03  http://www.×××.com/dress/show.html?color=pink
```

如果不进行处理，搜索引擎就会收录大量的重复内容，这时如果要将第 01 行的 URL 作为规范的 URL，只需在其他两个网页的<head>标签中添加一个<link>标签，在其中设置 rel="canonical"属性，并用 href 属性来指定规范的 URL，具体代码如下。

```
01  <head>
02      <link rel="canonical" href="http://www.×××.com/dress/show.
html"/>
        ……
03  </head>
```

这样，搜索引擎就只会收录 http://www.×××.com/dress/show.html，而将其他 URL 当作重复内容，不参与网页的权重分配。

3.7 404 页面

当用户访问网站上不存在的页面时，服务器会返回 404 错误。如果 SEO 人员没有在服务器端设置自定义的 404 页面，用户浏览器中显示的将会是一个默认错误页面。

要使用自定义 404 页面功能，首先要制作一个 404 页面的网页文件。制作 404 页面时需要注意以下 3 点。

- **风格要统一** | 404 页面和整个网站的模板、设计风格、Logo 及名称要统一。
- **明确显示错误信息** | 404 页面应该在最醒目的位置显示错误信息，明确提示用户要访问的页面不存在。
- **提供前往其他页面的功能** | 在 404 页面中可以添加一些超链接或按钮，用户单击后可以前往网站首页、重要分类页面或建议访问的页面，还可以加上站内搜索框等。

制作好 404 页面并将其上传到服务器，然后在服务器中进行相应的设置即可实现自定义

404 页面的功能。

拓展案例

在 IIS 管理器中设置自定义 404 页面

下面讲解在 IIS 管理器中设置自定义 404 页面的方法，具体操作如下。

（1）启动 IIS 管理器，在窗口左侧的"连接"栏中选择要设置自定义 404 页面的网站，然后在中间的界面中双击"错误页"图标，如图 3-21 所示。

图 3-21 | 双击"错误页"图标

（2）在打开的"错误页"界面中双击"404"选项，打开"编辑自定义错误页"对话框，单击选中"在此网站上执行 URL"单选项，在"URL（相对于网站根目录）"文本框中输入"/error/404.html"，然后单击 确定 按钮完成设置，如图 3-22 所示。

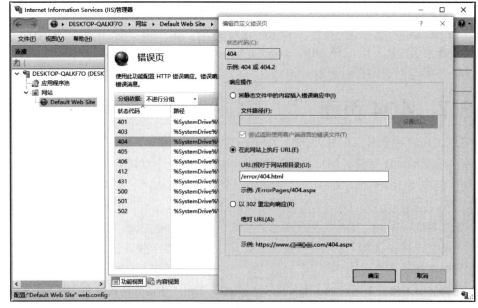

图 3-22 | 设置 404 页面

 **3.8 本章实训**

3.8.1 实训背景

萌萌宠网站中的部分网页并不需要被搜索引擎抓取，需要使用 robots.txt 文件来限制搜索引擎的抓取范围，并且还需要利用 robots.txt 文件告诉搜索引擎网站地图的 URL。此外，萌萌宠网站存在着大量的动态 URL，为了能够更好地被搜索引擎收录，现在需要将动态 URL 静态化。

- 掌握生成 robots.txt 文件的方法，以及将动态 URL 静态化的方法。
- 在设置 URL 静态化时，需要认真分析并仔细填写内容，培养分析能力和细致入微的工作作风。

3.8.2 实训要求

（1）使用"robots.txt 生成"工具生成 robots.txt 文件，要求所有搜索引擎都不抓取"admin""data""js""css"文件夹中的所有文件，网站地图 URL 为"http://www.×××.com/sitemap.xml"。

（2）将"item.asp?id=5&color=red"形式的动态 URL 转换为"item/5/red/"形式的静态 URL。

3.8.3 实训步骤

（1）进入站长工具网中的"robots.txt 生成"页面，在"限制目录"后的 4 个文本框中分别输入"/admin/""/data/""/js/""/css/"，在"Sitemap"文本框中输入"http://www.×××.com/sitemap.xml"，如图 3-23 所示。

图 3-23 | "robots.txt 生成"页面

（2）单击"生成"按钮生成 robots 文件内容，如图 3-24 所示。

图 3-24 | 生成 robots.txt 文件内容

（3）启动 IIS 管理器，打开"URL 重写"界面并添加一个入站规则，将名称设置为"URL 重写"，模式设置为"^item/(.*)/(\d+)/$"，将重写 URL 设置为"/item.asp?id={R:1}&color={R:2}"，然后在右侧的"操作"栏中单击"应用"选项应用规则，如图 3-25 所示。

图 3-25 | 设置 URL 静态化

职业素养

　　一个好的网站应该具备良好的用户体验和交互性，而且容易被搜索引擎收录和检索，并且方便后期的维护和更新。因此，想要成为一名优秀的 SEO 人员，需要不断学习和掌握新技术和新方法，持续优化网站，提升用户体验，提高业务转化率。同时，还需要注重网站的安全性和稳定性，保护用户隐私和数据，及时备份和恢复数据，以确保网站的可靠性和稳定性。

3.9　课后练习

一、填空题

1. 网站物理结构包含＿＿＿＿＿＿和＿＿＿＿＿＿两种类型。

2. 使用＿＿＿＿＿可以把旧的＿＿＿＿＿转向到新的＿＿＿＿＿上，并且还可以将原有的＿＿＿＿＿传递过来。

3. 网站地图格式有＿＿＿＿＿、＿＿＿＿＿和＿＿＿＿＿3 种。

4. 对于一组内容完全相同或高度相似的网页，通过＿＿＿＿＿标签属性可以告诉搜索引擎哪个页面是规范的网页。

二、单项选择题

1. 以下不是蜘蛛陷阱的是（　　　）。

    A. 302 跳转　　　　　　B. 301 跳转　　　　　C. 动态 URL　　　D. Flash

2. 在 robots.txt 文件中，不允许访问以 ".asp" 结尾的 URL 的代码是（　　　）。

    A. Allow:/*.asp$　　　　　　　　　　　B. Disallow:/*.asp$

    C. Allow:/*.asp　　　　　　　　　　　　D. Disallow:/*.asp

3. 下列网址中（　　　）是动态 URL。

    A. http://www.×××.com/news/index.html?date=20190812&newsid=321

    B. http://www.×××.com/news/sc/20190812/321/

    C. http://www.×××.com/news/index.html

    D. http://sc.news.×××.com/

三、判断题

1. 网站使用 Session ID，不会使搜索引擎认为这个网站有大量的重复内容，从而减少网络蜘蛛对网页的爬行。　　　　　　　　　　　　　　　　　　　　　　（　　　）

2. 框架结构对搜索引擎收录没有影响。　　　　　　　　　　　　　　　（　　　）

四、简答题

1. 简述树形网站结构的目录级别，以及每级文件夹的主要内容。

2. 简述什么是蜘蛛陷阱，以及如何避免使用含有蜘蛛陷阱的技术。

3. 简述产生不规范 URL 的原因。

4. 简述动态 URL 对网络蜘蛛的影响。

五、操作题

1. 使用站长工具网站中的 "robots.txt 生成" 工具生成一个 robots.txt。

2. 在 IIS 管理器中设置 URL 静态化，将 "item.html?id=5&name=tom&age=33" 形式的动态 URL 转化为 "item_5_tom_33.html" 形式的静态 URL。

第 4 章　网站页面优化

本章导读

　　网站由众多网页组成，因此网页优化是网站优化的重要环节。网页优化指对网页进行多方面细微的调整，使其符合搜索引擎检索和收录的要求，进而在搜索引擎中获得较好的排名。

　　本章将从网页标题、Meta 标签、图片、H 标签、网页视频和网页代码等多个方面讲解进行网站页面具体的优化方法。

学习目标

|掌握网页标题的优化方法

|掌握 Meta 标签的优化方法

|掌握图片的优化方法

|掌握 H 标签的优化方法

|掌握网页视频的优化方法

|掌握网页代码的优化方法

|能够对网页的内容进行优化

|能够对网页的代码进行优化

|培养对用户体验和搜索引擎优化的敏感度和意识

|培养团队协作和沟通能力，推动网站页面优化工作的顺利进行

4.1 网页标题优化

网页优化的基本思路是使主要关键词出现在网页关键位置，网页标题就是网页中一个重要的关键位置。搜索引擎可以通过网页标题了解网页的主要内容，并且其在判断网页权重时也会参考网页标题。网页标题一旦确定，后期尽量不要进行大幅度的修改。

扫一扫
微课视频

经验之谈

在 SEO 中，网页编辑是一个非常重要的环节。良好的网页编辑可以提高网站的内容质量和搜索引擎排名。因此，SEO 人员需要了解 HTML、CSS、JavaScript 等网页知识并应具备一定的网页编辑技能，这样才能更好地理解网页的结构、页面的布局方式，合理编写网页代码，从而提高网站性能。

4.1.1 设置网页标题

网页标题会在浏览器的标题栏中显示，效果如图 4-1 所示。在搜索结果页面中，网页标题是搜索结果中第一行以超链接方式显示的文字，是用户浏览搜索结果时最先看到的、最醒目的内容，如图 4-2 所示。

图 4-1 | 网页标题在浏览器中的显示效果　　图 4-2 | 网页标题在搜索结果中的显示效果

在网页源代码中可通过<title>标签设置网页标题，其格式如下。

```
01    <head>
02        <title>网页标题文本</title>
03        ……
04    </head>
```

经验之谈

<title>标签应紧接着写在 < head > 标签之后，然后写其他标签和代码。注意不要在<title>标签前添加大段 JavaScript 脚本程序，这样搜索引擎才能迅速找到网页的标题标签。

4.1.2 网页标题的写法

网页标题对于帮助搜索引擎和用户了解网站的内容有非常重要的作用。在撰写网页标题时，可以根据标题的不同，采用一些固定的搭配。

- **首页标题** | 首页标题可以采取"网站名称-核心关键词 1,核心关键词 2,核心关键词 3……"的形式进行写作，并且网站名称和关键词应使用不同的分隔符进行分开。图 4-3 所示为"中服网"首页的标题，排在第一的是网站名称"中服网"，其后是多个与网站内容相关的核心关键词，并使用半角逗号隔开。

图 4-3 | "中服网"首页的标题

- **栏目页标题**｜栏目页标题可以采用"栏目名称_关键词1,关键词2,关键词3……_网站名称"的形式进行写作。图 4-4 所示为"中服网"的"服装品牌"栏目页的标题，排在第一的是栏目名称"服装品牌"，最后是网站名称"中服网"，中间是多个与栏目内容相关的关键词。

图 4-4 | "中服网"栏目页的标题

- **文章页或产品详情页标题**｜文章页或产品详情页标题可以采用"文章名称或产品名称_栏目名称_网站名称"的形式进行写作。图 4-5 所示为"中服网"中的一篇新闻页面的标题，排在第一的是新闻标题，其次是栏目名称，最后是网站名称。

图 4-5 | "中服网"新闻页面的标题

4.1.3　设置网页标题的注意事项

为了使用户能够更加方便地通过网页标题了解网页的内容，在设置网页标题时，还需要注意以下事项。

1．标题的主题要明确

一个主题明确的网页标题，可以帮助用户更方便地判断网页内容是否符合其需求。图 4-6 所示的搜索结果，其标题为"untitled document"，用户无法从中了解网页的内容。而图 4-7 所示的搜索结果，其标题简洁明了，用户一看就知道网页的主要内容。

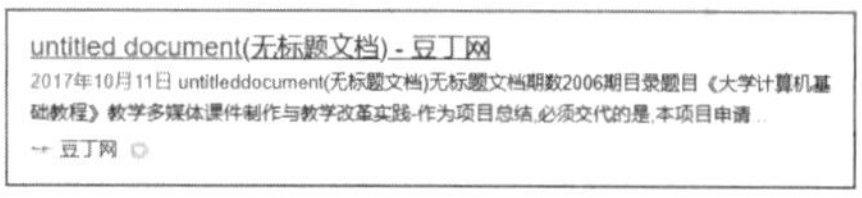

| 图 4-6 | 主题不明确的网页标题 | 图 4-7 | 主题明确的网页标题 |

untitled document(无标题文档) - 豆丁网
2017年10月11日 untitleddocument(无标题文档)无标题文档期目2006期目受题目《大学计算机基础教程》教学多媒体课件制作与教学改革实践 作为项目总结必须交代的是 本项目申请
→ 豆丁网

《大学计算机基础》课程教学资源(PPT课件讲稿)第八章 多媒...
2023年3月13日《大学计算机基础》课程教学资源(PPT课件讲稿)第八章 多媒体技术基础.ppt格式 文档下载 共45页。一、多媒体技术概述 二、计算机中的多媒体设备 三、数字声音基...
m download ○○○ ○○○wenku/501...

图 4-6｜主题不明确的网页标题　　　　图 4-7｜主题明确的网页标题

2．网页标题字数不能过多

网页标题字数最好不要超过 30 个中文字符，因为在搜索引擎的搜索结果中标题最多只会显示 30 个中文字符，多余的内容会被隐藏。图 4-8 所示的搜索结果，其标题字数在 30 个中文字符以内，可以正常显示。而图 4-9 所示的搜索结果，其标题字数超过 30 个中文字符，多余的字符以"..."形式显示。

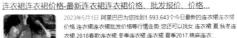

图 4-8 | 网页标题字数在 30 个中文字符以内　　图 4-9 | 网页标题字数超过 30 个中文字符

另外，标题字数越多，其关键词就越多，每个关键词分到的权重就越少，这样每个关键词的排名就会受到影响。

3．不同网页的标题不能重复

网页标题是网页主要内容的概括，搜索引擎可以通过网页标题迅速地判断网页的主题。几乎每个网站都由一个首页、几个栏目页和大量文章页组成，因此，每个网页都应具备一个独一无二的标题，这样才能与其他页面进行区分。

有些网站所有页面的标题是一样的，即只有一个网页标题，由于标题中缺少了相应的关键词，即使网页内容与某个关键词有关，在搜索结果页中也很难被显示出来。或者即便网页显示了，排名也会比较靠后，并且由于标题不能反映网页的内容，也很难引起用户的注意，也就不会获得点击量。

另外，虽然有些网站并非所有页面的标题都相同，但是部分相关页面标题的关键词相同，这会产生内部竞争，不利于网站的整体排名。为每个网页设置不同的标题，每个网页再在不同的关键词下进行排名，才能提高网站的整体排名。

4.2　Meta 标签优化

扫一扫

微课视频

通过<meta>标签可以设置网页的一些属性，如作者、日期、网页描述和网页关键词等。用户要查看某个网页<meta>标签的内容，可以在浏览器中单击鼠标右键，在弹出的快捷菜单中选择"查看源代码"命令，在打开的页面中可以查看网页的源代码，在<head>标签中即可看到很多<meta>标签。图 4-10 所示为某连衣裙网页的<meta>标签。

```
<head>
    <meta http-equiv="X-UA-Compatible" content="IE=edge,chrome=1">
    <meta http-equiv="Content-Type" content="text/html; charset=utf-8">
    <meta http-equiv="Cache-Control" content="no-siteapp">
    <meta name="applicable-device" content="pc">
    <meta name="renderer" content="webkit">
    <meta name="data-spm" content="a261b">
    <meta name="keywords" content="连衣裙连衣裙价格,连衣裙连衣裙多少钱,连衣裙连衣裙报价">
    <meta name="description" content="为您找到2,462,892个今日最新的连衣裙连衣裙价格,连衣裙连衣裙批发价格等行情走势,您还可以找2023春款连衣裙,女 夏季2023,女 真丝连衣裙,棉麻连衣裙,蕾丝连衣裙,连衣裙 2023夏,冬季连衣裙,连衣裙 2023,连衣裙,儿童连衣裙市场价格、批发价格等相关产品的价格信息。阿里巴巴也提供相关连衣裙连衣裙供应商的简介、主营产品、图片、销量等全方位信息,为您订购产品提供全方位的价格参考。">
    <meta name="robots" content="index,follow">
```

图 4-10 | 某连衣裙网页的<meta>标签

对<meta>标签进行优化，主要是对其中的 keywords 参数和 description 参数进行设置，即设置网页的关键词和描述。

4.2.1　设置网页关键词

通过<meta>标签的 keywords 参数可以设置网页的关键词。该关键词是为了用户能通过搜索引擎搜索到某一网页而设置的词汇，并非网站的整体介绍。

关键词应该精练、简洁，与标题紧密相连，形成前后呼应，其格式如下。

```
<meta name="keywords" content="关键词" />
```

图 4-11 所示为某家电维修论坛的关键词，主要包括家电维修技术论坛、家电维修论坛、电器维修、家电维修网、家电论坛、家电网、家电下乡和家电维修。

```
<!DOCTYPE html PUBLIC "-//W3C//DTD XHTML 1.0 Transitional//EN" "https://www.w3.org/TR/xhtml1/DTD/xhtml1-transitional.dtd">
<html xmlns="https://www.w3.org/1999/xhtml">
▼<head>
  <meta http-equiv="Content-Type" content="text/html; charset=utf-8">
  <title>家电维修技术论坛_家电维修论坛_家电维修电子杂志_家电维修社团 </title>
  <meta name="applicable-device" content="pc,mobile">
  <meta http-equiv="Cache-Control" content="no-transform">
  <meta http-equiv="Cache-Control" content="no-siteapp">
  ▶<style type="text/css">...</style>
  <meta name="keywords" content="家电维修技术论坛,家电维修论坛,电器维修,家电维修网,家电论坛,家电网,家电下乡,家电维修">
```

图 4-11 | 某家电维修论坛的关键词

设置网页关键词时要注意以下问题。

- **数量不能太多**｜关键词的数量不能太多，通常情况下，选择 3～5 个能够集中体现网页主要内容的关键词即可。关键词太多不仅会分散每个关键词的权重，还容易被搜索引擎判定为关键词堆砌，从而受到降权处罚。
- **以英文（半角）逗号隔开**｜各个关键词之间应该以英文（半角）逗号隔开，因为中文（全角）逗号对搜索引擎的抓取有影响。
- **不要使用生僻词汇**｜生僻词汇的用户搜索量很少，能够带来的网页浏览量也就很少，不适合作为关键词。

4.2.2 设置网页描述

通过<meta>标签的 description 参数可以设置网页描述。网页描述是对网页内容的精准提炼和概括，搜索引擎可以通过其了解网页内容。网页描述会出现在搜索结果中，因此 SEO 人员需要根据网页的实际情况来进行设计，避免出现与网站无关的描述。

网页描述的格式如下。

```
<meta name="description" content="描述" />
```

图 4-12 所示为某招聘网站的招聘信息网页的网页描述，它对招聘的相关信息进行了概括性描述。

```
<!DOCTYPE html>
<html>
▼<head>
  ▶<style class="vjs-styles-defaults">...</style>
  <meta http-equiv="X-UA-Compatible" content="IE=edge,chrome=1">
  <link rel="icon" href="https://img04.███████.com/im/mkt/pc/favicon/favicon_51.ico?20221122" type="image/x-icon">
  <!--苹果移动设备图标-->
  <link rel="apple-touch-icon-precomposed" href="//img04.███████.com/im/m/logo_h5@3x.jpg">
  <meta http-equiv="Content-Type" content="text/html; charset=gbk">
  <title>【███████科技股份有限公司招聘_南昌-青山湖区招聘信息】 ███████官方招聘网站</title>
  <meta name="description" content="███████科技股份有限公司招聘,官方网站,███████科技股份有限公司提供南昌-青山湖区的职位招聘信息。帮助应聘者随时了解███████科技股份有限公司的大门,与███████科技股份有限公司众多精英们开启一段崭新的职业生涯,上前程无忧,了解███████科技股份有限公司更多招聘信息!">
```

图 4-12 | 某招聘网站的招聘信息网页的网页描述

设置网页描述时要注意以下问题。

- **语句要通顺连贯**｜网页描述必须兼顾用户体验，确保语句通顺连贯，有一定的吸引力，并能够准确地概括网页内容。
- **融入必要的关键词**｜在网页描述中可以融入标题中的关键词，还可以添加一些二级关键词以增加网页的收录率。但是不要堆砌关键词，否则不仅没有意义，还容易让搜索引擎认为有作弊的嫌疑。

- **字数要合理**｜网页描述的字数不要太多，也不能太少，最好控制在40～80个中文字符。
- **为每个网页设置不同的描述**｜每个网页都必须有对应的网页描述，不要将网站所有网页的描述都设置为相同的内容。因为每个网页的内容是不同的，如果采用相同的描述，不利于搜索引擎对网页的搜索和抓取。

4.3 图片优化

图片是网页中除文字、超链接之外的重要内容。目前，大多数搜索引擎都将图片优化程度作为搜索和抓取的指标之一，并且搜索结果也可以以图文并茂的形式进行展示。由此可见，图片优化也是网页优化的重点。

图片优化是SEO人员的必备技能，其作用主要如下。

- 优质的图片能够第一时间吸引用户的眼球，增加网站的访问量。
- 图片文件的大小是影响页面加载速度的关键因素之一，做好图片优化可以有效加快文件的加载速度，从而提高搜索引擎的抓取效率。
- 在图片的alt属性中可以融入关键词，增加关键词的密度，这样有利于提高关键词排名。
- 在搜索结果中显示一张图片，可以更加有效地吸引用户进行点击。

4.3.1 图片文件的大小

图片文件的大小对网页的影响很大，如果图片文件过大，就会严重影响整个网页的加载速度，导致网站的跳出率过高。通常情况下，计算机端（简称PC端）网页的加载时间不要超过3秒，移动端网页的加载时间不要超过5秒。

一张内容相同的图片，因为图片文件分辨率的不同，其文件大小会有很大的区别。图4-13所示为两张内容相同的PNG格式的图片，当分辨率为1 920像素×1 080像素时，其文件大小为729KB，但当分辨率为1 280像素×720像素时，其文件大小为406KB。

运动鞋.png	类型：PNG 图片文件 分辨率：1920像素 × 1080像素	大小：729 KB
运动鞋2.png	类型：PNG 图片文件 分辨率：1280像素 × 720像素	大小：406 KB

图4-13｜图片文件的大小

虽然文件较大的图片清晰度更高，但是会增加页面加载的时间，影响用户体验和搜索引擎的抓取效率。所以网页图片文件的大小一定要合适，既要能清晰地显示图片的内容，又要不影响网页的加载速度。

📖 拓展案例

使用Photoshop修改图片的大小

下面使用Photoshop修改图片的大小，具体操作如下。

（1）在Photoshop中打开要修改大小的图片"运动鞋（800×600）.png"（配套资源：\素材文件\第4章\运动鞋（800×600）.png），选择"图像"/"图像大小"命令，如图4-14所示。

扫一扫

微课视频

（2）打开"图像大小"对话框，将图像的宽度和高度分别修改为"640""480"，然后单击"确定" [确定] 按钮，如图 4-15 所示。

图 4-14｜选择"图像大小"命令

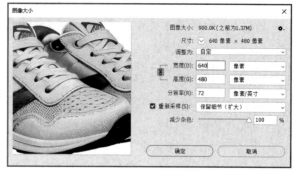
图 4-15｜修改图像大小

（3）选择"文件"/"存储为"命令，打开"另存为"对话框，设置文件名为"运动鞋（640×480）.png"，单击 [保存(S)] 按钮进行保存，如图 4-16 所示。

（4）打开保存图片的文件夹，可以看到修改图像尺寸后的图片文件比原来的小，如图 4-17 所示。

图 4-16｜保存图片文件

图 4-17｜修改图像尺寸后文件的大小

4.3.2 图片的格式

网页图片要选用合适的格式，PSD、BMP 等格式由于文件太大，会增加网页的加载时间，一般不会在网页中使用。网页中这些格式的图片需要转换为网页中比较常用的格式，如 JPG、PNG 或 GIF 格式，这 3 种格式的特点如下。

- **JPG 格式**｜JPG 格式是有损压缩格式，在保存时可以设置图片的品质，品质越高文件越大，品质越低文件越小，比较适合风景照等颜色较多且图案复杂的图片。
- **PNG 格式**｜PNG 格式是无损压缩格式，且支持透明背景，其文件大小比 JPG 格式大，一般适用于 Logo 或一些装饰性图案。
- **GIF 格式**｜GIF 格式支持动画和透明背景，但最多只有 256 种颜色，适合一些小的动态图片或颜色数量较少的图片。

拓展案例

使用 Photoshop 修改图片的格式

　　下面使用 Photoshop 修改图片的格式，具体操作如下。

　　（1）在 Photoshop 中打开要修改格式的图片"运动鞋（800×600）.png"（配套资源：\素材文件\第4章\运动鞋（800×600）.png），选择"文件"/"存储为"命令，打开"另存为"对话框，在"保存类型"下拉列表框中选择"JPEG（*.JPG;*.JPEG;*.JPE）"选项，如图 4-18 所示，单击 保存(S) 按钮。

扫一扫

微课视频

　　（2）在打开的"JPEG 选项"对话框的"品质"下拉列表框中选择图片的品质，这里选择"高"选项并输入值"9"，如图 4-19 所示，单击 确定 按钮将图片保存为 JPG 格式。

图 4-18｜"另存为"对话框

图 4-19｜"JPEG 选项"对话框

　　（3）选择"文件"/"导出"/"导出为"命令，打开"导出为"对话框，在"格式"下拉列表框中选择"GIF"选项，如图 4-20 所示，单击 导出 按钮。

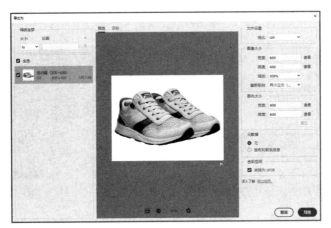

图 4-20｜"导出为"对话框

　　（4）打开"导出"对话框，单击 保存(S) 按钮，如图 4-21 所示。

　　（5）打开保存图片的文件夹，可以看到不同格式的同一张图片，JPG 格式和 GIF 格式比 PNG 格式的文件大小要小很多，如图 4-22 所示，但同时它们的画面质量也会差一些。

<table>
<tr><td>图 4-21 | "导出" 对话框</td><td>图 4-22 | 更改格式后的图片</td></tr>
</table>

4.3.3　设置 alt 和 title 属性

网页源代码中用于插入图片的<img>标签的 alt 和 title 属性可以为图片添加描述文本。在对网页中的图片进行优化时，可以根据图片的内容来进行设置。

alt 和 title 属性都可以为图片添加描述文本，它们的作用既有相同点，又有不同点。

- **相同点** | 为图片设置了 alt 或 title 属性后，当图片由于某种原因不能被加载时，在图片的位置上会显示 alt 或 title 属性的内容，用户据此能够知道图片的大致内容，如图 4-23 所示。另外，搜索引擎也可以通过 alt 和 title 属性来了解图片内容。

- **不同点** | 当设置了 title 属性后，将鼠标指针移动到图片上，会弹出一个提示框并显示 title 属性的内容，可以帮助用户了解图片的内容，如图 4-24 所示，而 alt 属性无此功能。如果同时为 alt 和 title 属性设置了不同的内容，且图片未能正常加载，在图片的位置处会显示 alt 属性的内容，将鼠标移动到上面时，在弹出的提示框中会显示 title 属性的内容。

图 4-23 | 图片未加载时的显示效果

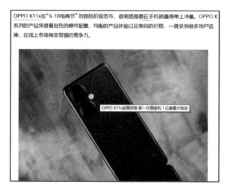

图 4-24 | title 属性的显示效果

设置 alt 和 title 属性时，只需在网页源代码中找到图片对应的<img>标签，在其中添加 alt 和 title 属性，并设置属性值即可，如图 4-25 所示。

图 4-25 | 设置 alt 和 title 属性

4.3.4 图片链接

为图片添加超链接可以使用户通过单击图片跳转到指定的网页。图 4-26 所示为京东产品详情页中的"为你推荐"板块，其中的每张图片都添加了超链接。

图 4-26 | 京东产品详情页中的"为你推荐"板块

图片链接一方面可以增加网站内其他页面的收录量，另一方面可以吸引用户访问网站内的其他页面，增加用户在网站中的停留时长和访问深度，降低跳出率。

为图片添加超链接的方法：在图片的<img>标签外嵌套一个<a>标签，并通过 href 属性设置目标网址，其代码如下。

```
01  <a href="目标网址">
02      <img scr="图片路径" alt="图片描述"/>
03  </a>
```

网页中的图片很多，但并非所有图片都需要添加超链接，只需为必要图片添加超链接。通常情况下，以下 3 种类型的图片可以设置超链接。

- **网站 Logo 图片** | 一般网站的每个页面中都会包含网站 Logo 图片，为其添加跳转到网站首页的超链接，可以使用户方便、快捷地返回网站首页。
- **Banner** | Banner 用于将重要信息以图片形式呈现给用户。图片所承载的信息量比文字大，因此适合作为广告、专题页面、重要页面或热点页面的入口，添加超链接可以方便用户到达相应的页面。
- **页面广告** | 页面广告用于吸引用户关注和点击，而图片比文字的展示效果更好。

4.4 H 标签优化

H 标签又称 heading 标签，是 HTML 网页中对文本标题进行着重强调的一种标签。H 标签有<h1>～<h6>6 种不同的级别，用于在网页中显示不同级别的标题。图 4-27 所示为<h1>～<h6>标签的显示效果。

图 4-27 | <h1>～<h6>标签的显示效果

4.4.1 H 标签的作用

H 标签是 HTML 源代码中的标题标签，其作用主要包括以下两个方面。

- **对普通用户的作用** | 应用了 H 标签的文本比普通文本的显示效果更突出，用户可以直观地分辨出文章的各级标题，更快地找到所需的内容。
- **对搜索引擎的作用** | 搜索引擎获取文章的主要内容时，需要先寻找文章的标题，而 H 标签可以引导搜索引擎快速识别标题，使搜索引擎能够迅速掌握文章的主题。

4.4.2 H 标签的应用

在 SEO 中，H 标签的优化非常重要。优化时，SEO 人员可以在各级 H 标签中嵌入相应的关键词，H 标签的权重会随着标签级别的增加而降低，而正文中关键词的权重又要比各级 H 标签低。因此，要根据网页中不同内容的重要性来设置 H 标签。

1．<h1>标签

<h1>标签的重要性最高，因此可在网站首页或栏目页的标题或 Logo 图片外添加一层 <h1>标签，以强调其重要性。图 4-28 所示为淘宝网首页源代码，从中可以看出，其 Logo 图片外嵌套了一层<h1>标签。

图 4-28 | <h1>标签在首页中的应用

在产品详情页或内容页的产品名称或文章的一级标题中也可添加<h1>标签。图 4-29 所示为某产品的产品详情页源代码，从中可以看出，产品名称添加了<h1>标签。

图 4-29 | <h1>标签在产品详情页中的应用

2．<h2>标签

在网站首页或栏目页中，SEO 人员可以为栏目的标题或一些比较重要的内容页面的标题添加<h2>标签。图 4-30 所示为 58 同城的首页源代码，从中可以看到其栏目标题应用了<h2>标签。

图 4-30 | <h2>标签在首页中的应用

在详情页或文章内容页中，SEO 人员可以为文章的次级标题添加<h2>标签。图 4-31 所示为"无线鼠标"的内容页源代码，从中可以看到文章的次级标题"发展历史"添加了<h2>标签。

图 4-31 | <h2>标签在内容页中的应用

3．<h3>～<h6>标签

由于<h3>～<h5>标签的权重很小，因此一般很少使用。<h6>标签则可以应用在友情链接或一些不需要搜索引擎关注的地方，以降低其对页面目标关键词的影响。

4.5 网页视频优化

视频与其他类型的媒体相比，具有更独特的优势，同时兼具图像、文字和声音，展现方式更加灵活，因而受到广大用户的青睐。但是由于视频文件通常都比较大，对网站服务器的空间和带宽要求很高，对一般的企业网站来说，直接在网页中插入视频要么速度很慢，要么就需要增加网站服务器的容量和带宽，这会增加不少额外的费用。另外，现在搜索引擎搜索出的视频内容大部分来自一些门户级的视频网站，很少出现企业或个人站点上的视频。例如，在百度的视频栏目中搜索"笔记本测评"关键词，在搜索结果中可以发现搜索出来的视频大多来自哔哩哔哩、好看视频等视频门户网站，如图 4-32 所示。

图 4-32 | 视频的搜索结果

因此，网页视频优化主要是通过第三方视频网站（如优酷、腾讯、爱奇艺、搜狐视频等）来完成的。首先将视频上传到第三方视频网站中，并将视频网站提供的分享代码分享到各大社交媒体，或将网页播放代码嵌入自己的网页中，然后再利用第三方视频网站的平台进行优化。

由于搜索引擎并不能直接识别视频的内容，因此，优化视频主要是设置视频的标题、简介、分类和标签等属性，搜索引擎可以通过这些属性判断视频的主要内容。

- **标题**｜标题是视频优化的重点内容之一，其中应包含相应的关键词，并且应当使用简洁的语言对视频内容进行介绍。
- **简介**｜视频简介主要是对视频内容的简要说明，其中应包含标题中的关键词，以提高视频被搜索引擎收录的概率。另外，视频简介中还可以增加网站介绍，以加深访客对网站的印象。
- **分类**｜由于大型视频网站的类型众多，正确地设置视频的分类能够保证上传的视频快速通过网站的审核。

- **标签**|视频标签也就是视频内容的关键词，应尽可能多地设置和视频内容相关的标签，这样不仅能够快速提高视频的搜索排名，还可以让该视频出现在其他视频的相关推荐中。

此外，提高视频的内容质量也非常重要，高质量的视频可以获得更多用户的点赞、转发、评论以及更高的评分等，搜索引擎也会据此来判断视频质量的高低以及视频内容与标题、简介等的相关性。

4.6 网页代码优化

扫一扫

微课视频

在使用 Dreamweaver 等网页制作软件制作网页时，产生的 HTML 源代码有一部分不是必需的，如注释和每一行代码前的空格等，这就是冗余代码。这些冗余代码会增加网页文件的大小。另外，一些网页制作方式也会增加网页文件的大小。网页文件太大不仅会降低下载速度，还会增加网页源代码中与网页主题无关的内容的比例，增加了搜索引擎的计算量，因此，网页代码需要进行优化。

▌4.6.1 使用外部 JavaScript 脚本文件

如果为网站中的每个网页文件中都添加 JavaScript 脚本程序，无疑会增加每个网页文件的大小。这也会增加修改 JavaScript 脚本程序的难度。而使用外部 JavaScript 脚本文件不仅可以同时减少每个网页文件的大小，而且当需要修改 JavaScript 脚本程序时，只修改 JavaScript 脚本文件。

要使用外部 JavaScript 脚本文件，需要将所有的 JavaScript 脚本程序放入一个后缀名为.js 的文本文件中，然后在网页源代码中通过<script>标签引入，其代码格式如下。

```
<script src=".js 文件路径" type="text/javascript"></script>
```

▌4.6.2 使用外部 CSS 样式文件

在设置网页内容的样式时，应使用外部 CSS 样式文件。因为同一个网站中的网页内容的样式是类似的，如果在每个网页文件中都添加 CSS 样式代码，无疑会增加每个网页文件的大小。

使用外部 CSS 样式文件不仅可以同时减少每个网页文件的大小，而且需要修改页面格式时，只修改 CSS 样式文件。

要使用外部 CSS 样式文件，需要将所有的 CSS 样式文本放入一个后缀名为.css 的文本文件中，然后在网页源代码中通过<link>标签引入，其代码格式如下。

```
<link href=".css 文件路径" type="text/css" rel="stylesheet">
```

▌4.6.3 采用 div 布局网页

早期网页布局是使用<table>标签来实现的，它通过表格将网页中不同区域的内容放置到相应的单元格中，且通常会嵌套多层表格。这种层层嵌套表格的布局方式会使代码变得极其臃肿，不仅影响网页的打开速度，还对网络蜘蛛非常不友好。而使用<div>标签进行布局则可以对 SEO 产生积极的影响。

- **提高可访问性**｜使用<div>标签进行网页布局可以使网页更加灵活，可以根据需要更改网页结构和样式。这有助于提高网页的可访问性，使其更容易被搜索引擎索引和解析。
- **提高内容的可读性和结构性**｜使用<div>标签进行网页布局可以更好地组织网页的内容，使其更易于阅读和理解。这可以提高网页的质量分数和排名。
- **减少冗余代码**｜使用<div>标签进行网页布局可以减少冗余代码，使网页文件更加简洁。这可以提高网页的加载速度，提升用户体验，同时也有助于提高搜索引擎的排名。

4.6.4　减少或删除注释

HTML源代码中的注释主要用于提示程序员和设计人员。如果网页不再需要修改，就可以删除注释，以尽量减少其对搜索引擎的干扰。

4.6.5　满足 W3C 标准

开发网页应遵循由万维网联盟（World Wide Web Consortium，W3C）制定的标准和规范，这样可以使网页更容易被搜索引擎识别和收录，从而提高网页在搜索引擎结果中的排名和曝光率。

需要注意的是，W3C标准涉及网页的各个方面，内容较为复杂，为了确保网页符合标准W3C，需要使用符合W3C标准的网页编辑器和开发工具制作网页。

4.6.6　启用 GZIP 压缩

在网页服务器上开通GZIP压缩功能可以大幅度地压缩网页文件的大小，改善网站性能，并降低与网络带宽有关的费用。

在IIS管理器中启用GZIP压缩功能的方法：在"Internet Information Services（IIS）管理器"窗口中双击"功能视图"中的"压缩"图标，在打开的"压缩"界面中单击选中"启用静态内容压缩"复选框，然后在右侧的"操作"栏中单击"应用"选项，如图4-33所示。

图 4-33｜启用 GZIP 压缩功能

 **4.7　本章实训**

4.7.1　实训背景

"墨韵箱包馆"是一家专注于女士箱包和晚宴包销售的网站。墨韵箱包馆致力于为广大顾客提供优质的箱包产品和服务，让顾客在时尚潮流中散发自信和美丽。为了使网站在搜索引擎中获得更好的排名，墨韵箱包馆决定对网站的页面进行优化。

- 掌握网页标题优化、Meta 标签优化、网站代码优化、图片优化以及 H 标签优化的方法。
- 网页页面优化涉及的内容较多，需要综合分析各项内容，并制订合理的计划，然后运用各种优化方法，有计划、有步骤地完成。

4.7.2　实训要求

（1）对网页的标题、关键词和描述进行优化。
（2）将 CSS 样式代码和 JavaScript 脚本程序改为外部链接形式。
（3）为 Logo 图片和栏目标题添加 H 标签。
（4）为栏目图片设置 alt 属性。

扫一扫
微课视频

4.7.3　实训步骤

（1）使用 Dreamweaver 打开"index.html"文件（配套资源：\素材文件\第 4 章\本章实训\index.html），切换到代码视图，在第 5 行的<title>标签中输入网页的标题"墨韵箱包馆-箱包,女士箱包,晚宴包"，如图 4-34 所示。

（2）在第 5 行后插入一行空行，输入 "<meta name="keywords" content="箱包,女士箱包,晚宴包" />" 代码，为网页设置关键词，如图 4-35 所示。

```
1   <!DOCTYPE html>
2 ▼ <html>
3 ▼ <head>
4     <meta charset="UTF-8">
5     <title>墨韵箱包馆 - 箱包,女士箱包,晚宴包</title>
6   <style type="text/css">
7 ▼ .header, .nav1 {
8       width: 1420px;
9       margin: 0 auto;
10  }
```
图 4-34｜设置网页标题

```
1    <!DOCTYPE html>
2 ▼ <html>
3 ▼ <head>
4     <meta charset="UTF-8">
5     <title>墨韵箱包馆 - 箱包,女士箱包,晚宴包</title>
6     <meta name="keywords" content="箱包,女士箱包,晚宴包" />
7   <style type="text/css">
8 ▼ .header, .nav1 {
9       width: 1420px;
10      margin: 0 auto;
```
图 4-35｜设置网页关键词

（3）在第 6 行后插入一行空行，输入 "<meta name="description" content="欢迎光临墨韵箱包馆。墨韵箱包的产品主要包括女士箱包与晚宴包两大系列，包含背包、手提包、手包、肩背包等产品。"/>" 代码，为网页设置描述，如图 4-36 所示。

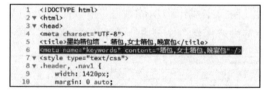

```
2 ▼ <html>
3 ▼ <head>
4     <meta charset="UTF-8">
5     <title>墨韵箱包馆 - 箱包,女士箱包,晚宴包</title>
6     <meta name="keywords" content="箱包,女士箱包,晚宴包" />
7     <meta name="description" content="欢迎光临墨韵箱包馆。墨韵箱包的产品主要包括女士箱包与晚宴包两大系列，包含背包、手提包、手包、肩背包等产品。" />
8   <style type="text/css">
9 ▼ .header, .nav1 {
10      width: 1420px;
11      margin: 0 auto;
```
图 4-36｜设置网页描述

（4）新建一个 CSS 样式文件，在第 1 行输入 "@charset"utf-8";" 代码，在第 2 行输入 "/*CSS Document*/" 代码，然后将<style type="text/css">和</style>之间的样式代码复制到其中，并保存为 "css.css" 文件，如图 4-37 所示。

（5）返回 "index.html" 文件，将<style type="text/css">和</style>（包含这两行）之间的代码全部删除，然后输入 "<link href="css.css" type="text/css" rel="stylesheet">" 代码，引入外部 CSS 样式文件，如图 4-38 所示。

```
index.html *  css.css *
1   @charset "utf-8";
2   /* CSS Document */
3 ▼ .header, .nav1 {
4       width: 1420px;
5       margin: 0 auto;
6   }
7 ▼ .header a {
8       color: #696969;
9   }
10 ▼ .ad {
11      width: 100%;
12      background-color: white;
13  }
```

图 4-37 | 新建 CSS 文件

```
1   <!DOCTYPE html>
2 ▼ <html>
3 ▼ <head>
4       <meta charset="UTF-8">
5       <title>墨韵箱包馆 - 箱包,女士箱包,晚宴包</title>
6       <meta name="keywords" content="箱包,女士箱包,晚宴包" />
7       <meta name="description" content="欢迎光临墨韵的箱包馆,墨韵箱包的产品主要包括女士箱
        包与晚宴包两大系列,包含背包、手提包、手包、肩背包等产品。" />
8       <link href="css.css" type="text/css" rel="stylesheet">
9       <script>function setDate() {var date = new
        Date();document.getElementById("yy").innerHTML =
        date.getFullYear();document.getElementById("mm").innerHTML =
        date.getMonth();document.getElementById("dd").innerHTML = date.getDate();}
        </script>
10  </head>
```

图 4-38 | 引入外部 CSS 文件

（6）新建一个 JavaScript 文件，在第 1 行输入 "//JaveScript Document" 代码，然后将<script>和</script>之间的 JavaScript 脚本程序代码复制到其中，并保存为 "js.js" 文件，如图 4-39 所示。

```
index.html *  css.css *  js.js *
1   // JavaScript Document
2 ▼ function setDate() {
3       var date = new Date();
4       document.getElementById("yy").innerHTML = date.getFullYear();
5       document.getElementById("mm").innerHTML = date.getMonth();
6       document.getElementById("dd").innerHTML = date.getDate();
7   }
```

图 4-39 | 新建 JavaScript 文件

（7）返回 "index.html" 文件，将<script>和</script>（包含这两行）之间的代码全部删除，然后输入 "<script src="js.js" type="text/javascript"></script>"，引入外部 JavaScript 文件，如图 4-40 所示。

```
3 ▼ <head>
4       <meta charset="UTF-8">
5       <title>墨韵箱包馆 - 箱包,女士箱包,晚宴包</title>
6       <meta name="keywords" content="箱包,女士箱包,晚宴包" />
7       <meta name="description" content="欢迎光临墨韵的箱包馆,墨韵箱包的产品主要包括女士箱
        包与晚宴包两大系列,包含背包、手提包、手包、肩背包等产品。" />
8       <link href="css.css" type="text/css" rel="stylesheet">
9       <script src="js.js" type="text/javascript"></script>
10  </head>
11 ▼ <body onload="setDate()">
12 ▼ <header class="header">
13 ▼     <div class="top_xx">
```

图 4-40 | 引入外部 JavaScript 文件

（8）找到 Logo 图片的<img src="images/logo.png">代码，在其外侧插入<h1>标签，为 Logo 图片添加<h1>标签，如图 4-41 所示。

```
14      <div><a href="#">登录</a></div>
15      <div><a href="#">注册</a></div>
16      <div><a href="#">我的订单</a></div>
17  </div>
18 ▼ <div class="top">
19      <div class="logo"><h1><img src="images/logo.png"></h1></div>
20      <div class="top1"><img src="images/top1.png"></div>
21 ▼   <div class="top2">
22          <div><img src="images/top2-1.png" />
23              <p>快速发货</p>
24          </div>
```

图 4-41 | 为 Logo 图片添加<h1>标签

（9）在<div class="main4">下方的<p>标签外侧添加<h2>标签，为栏目标题添加<h2>标签，如图 4-42 所示。

图 4-42｜为栏目标题添加<h2>标签

（10）为<div class="main4">下方的<img>标签添加 alt 属性，为栏目图片添加 alt 属性，如图 4-43 所示（配套资源：\效果文件\第 4 章\本章实训\index.html）。

图 4-43｜为栏目图片添加 alt 属性

职业素养

SEO 人员应具备团队协作和沟通的能力。只有通过良好的团队合作和有效的沟通，每个人才能明确自己的任务和责任，并且协同努力，达成优化目标。

4.8 课后练习

一、填空题

1．JPG 格式是＿＿＿＿＿格式，比较适合颜色＿＿＿＿＿且＿＿＿＿＿复杂的图片。

2．PNG 格式是＿＿＿＿＿格式，且支持＿＿＿＿＿，其文件大小比 JPG 格式大，一般适用于＿＿＿＿＿或一些＿＿＿＿＿的图案。

3．GIF 格式支持＿＿＿＿＿和＿＿＿＿＿，但最多只有＿＿＿＿＿种颜色，适合一些小的＿＿＿＿＿或＿＿＿＿＿较少的图片。

4．H 标签又称为＿＿＿＿＿标签，是 HTML 网页中对＿＿＿＿＿进行着重强调的一种标签。H 标签有＿＿＿＿＿6 种不同的级别，用于在网页中显示不同级别的标题。

二、单项选择题

1．以下关于网页描述的说法，错误的是（　　　）。

   A．网页描述的语句要通顺连贯

   B．在网页描述中可以融入必要的关键词

   C．网页描述的字数最好控制在 80～120 个中文字符

   D．应该为每个网页设置不同的描述

2．要在网页中引入"my01.js"文件，正确的代码是（　　　）。

   A．<script src="my01.js"></script>　　　B．<script href="my01.js"></script>

   C．<link src="my01.js">　　　D．<link href="my01.js">

3. 网页中最常采用的图片格式不包括（　　　）。

   A. JPG 格式　　　　　B. BMP 格式　　　　C. PNG 格式　　　D. GIF 格式

三、判断题

1. HTML 源代码中的注释主要用于提示程序员和设计人员，其非常重要，不能删除。

                                             （　　　）

2. 设置网页关键词时，网页关键词的数量不能太多，通常情况下，选择 3～5 个能够集中体现网站主要内容的关键词即可。（　　　）

3. 每个网页都必须有对应的网页描述，不要将网站所有网页的描述都设置为相同的内容。（　　　）

四、简答题

1. 简述对网页中的图片进行优化的作用。

2. 简述为图片设置 alt 属性的作用。

3. 简述 H 标签对搜索引擎的作用。

五、操作题

对 "爱尚汽车" 网站的首页文件（配套资源：\素材文件\第 4 章\课后练习\）的结构和代码进行优化。

- 将首页中的产品图片的格式改为 JPG 格式，减小图片尺寸，并为<img>标签添加 alt 属性。
- 为 Logo 图片添加<h1>标签，并为其添加 alt 属性。
- 将内部 JavaScript 脚本程序改为外部 JavaScript 脚本文件。
- 将内部的 CSS 样式代码改为外部 CSS 样式文件。

第 5 章　网站链接优化

本章导读

　　互联网其实就是由一个一个的网站、网站中的网页，以及网页之间的链接所组成的一张网，网络蜘蛛就在这张网上到处爬行。要想网络蜘蛛顺利到达网站，并访问网站中的所有页面，完成对网站信息的抓取和收录，就必须对链接进行优化。本章主要讲解网站链接的优化，先介绍链接的含义和分类，再针对不同类型的链接进行优化。

学习目标

| 了解链接的含义和分类

| 掌握内部链接的优化方法

| 掌握外部链接的优化方法

| 掌握添加友情链接的方法

| 掌握死链接的处理方法

| 能够对不同类型的链接进行优化

| 认识非法链接的风险和危害，遵守搜索引擎规则，维护网站利益和声誉

| 关注行业新动态，不断学习最新的链接优化技术和方法，适应不断变化的市场环境

5.1 链接的基础知识

链接也称为"超链接"，它是网页中指向另一个目标的连接元素。当用户单击链接后，浏览器会根据链接目标类型的不同而采取不同的操作，如显示目标网页或图片、下载目标文件和启动默认电子邮件程序等。在不同的情况下，链接有不同的分类方法，下面分别进行介绍。

扫一扫

微课视频

5.1.1 按链接对象分类

在网页中，链接的对象有很多，如文本、图片等。根据链接对象的不同，链接可以分为文本链接和图片链接。

1．文本链接

文本链接的链接对象是文本，文本链接又可以分为锚文本链接、网址链接、邮件链接和纯文本链接。

- **锚文本链接** | 锚文本链接的链接目标是网址，链接对象是一小段文本。在锚文本链接中可以设置关键词，如：

```
<a href="www.×××.com">×××网站</a>
```

- **网址链接** | 网址链接的链接目标和链接对象都是网址，如：

```
<a href="www.×××.com">www.×××.com</a>
```

- **邮件链接** | 邮件链接的链接目标是电子邮件地址，单击该链接可以启动系统默认的电子邮件程序，如：

```
<a href="mailto:name@×××.com">发邮件</a>
```

- **纯文本链接** | 纯文本链接是以纯文本的方式显示的网址信息。严格意义上来说，它并不是链接。纯文本链接不能单击，但是可以通过复制粘贴的方式在浏览器中打开，如：

```
www.×××.com
```

2．图片链接

图片链接的链接对象是图片，如：

```
<a href="www.×××.com"><img src="Logo.png"></a>
```

其链接目标是"www.×××.com"网址，链接对象是"Logo.png"图片。

5.1.2 按链接方向分类

按链接方向进行分类，链接可以分为导入链接和导出链接。

如果在网页 A 中有一个指向网页 B 的链接（A→B），那么这个链接对于网页 B 来说是导入链接，对于网页 A 来说就是导出链接。

例如，图 5-1 所示的天猫首页中，"淘宝网"链接对于天猫首页来说是导出链接，而对于淘宝网首页来说就是导入链接。

图 5-1 | 天猫首页

5.1.3 按内外进行分类

按内外进行分类，链接可以分为内部链接和外部链接。

1．内部链接

内部链接指网站内部各页面之间的链接，即同一网站域名下包括目录、内容页面等所有网站内部之间的互相链接。例如，频道、栏目和终极内容页之间的链接都可以归类为内部链接，如图 5-2 所示。

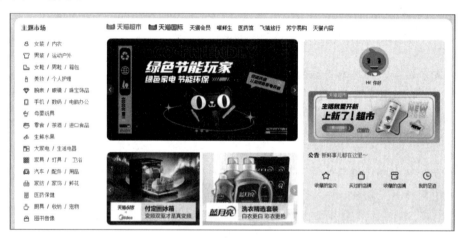

图 5-2 | 内部链接

2．外部链接

外部链接又叫反向链接，指与外部网站的页面之间的链接，包括内部网页指向外部网站的链接，以及外部网站指向内部网页的链接。外部链接的表现形式有很多，网站中的"友情链接"就是比较常见的外部链接形式，如图 5-3 所示。

图 5-3 | 外部链接

📖 经验之谈

由于外部链接具有不可操控性，网站所有者不能直接控制其他的网站指向自己的网站，所以网站外部链接的数量和质量能够更准确地反映网站内容的受欢迎程度，因此，搜索引擎在计算排名时更看重外部链接。

5.2 内部链接的优化

正确地对网站的内部链接进行整合和优化，可以为网络蜘蛛识别网站主题和抓取网页提供一条绿色通道，有助于提高搜索引擎对网站的抓取效率，从而使网站整体的权重增加，达到提高搜索排名的效果；同时，还可以为用户提供优质的阅读体验。

扫一扫

微课视频

5.2.1 nofollow 属性

任何一个网站的页面都有主次之分，且同一网站中不同页面的权重也不同。通常情况下，网页权重的传递是比较均匀的，同一层级页面的权重差距不会太大，因此首页权重最高，栏目页权重次之，内容页权重最低，具体如图5-4所示。

图 5-4 | 网页权重的传递

但是，网站中有些页面是不需要传递权重的，它们并没有竞争排名的作用，只是站内的功能性页面，如"注册登录""免责申明""联系我们""隐私保护"等页面。为了避免权重传递到这些页面，可以使用 nofollow 属性来告诉搜索引擎不要抓取这些页面。

nofollow 属性值有两种用法，下面分别进行介绍。

1．写在 Meta 标签中

将 nofollow 属性值写在<meta>标签中，用来告诉搜索引擎不要抓取该网页上的所有链接，其语法如下。

```
<meta name="robots" content="nofollow" />
```

2．写在链接标签中

将 nofollow 属性值写在链接标签中，可告诉搜索引擎不要抓取某些特定的链接，其语法如下。

```
<a href="url" rel="nofollow"><span>链接文本</span></a>
```

图 5-5 所示为某网站在网页中的链接。该网站设有全国各大城市的子网站，这些子网站和主网站在内容上基本一致，没有必要全部收录，同时也为了避免子网站分摊主网站的权重，因而在其链接中都添加了 nofollow 属性值。

```
139 <!-- 登录后状态 E-->
140 <!-- 各地学校 S-->
141 <div style="display: none;" class="no sg_school2 fix">
142     <ul class="ul1">
143 <li><span>A</span><em><a href="http://as.×××.cn/" rel="nofollow">鞍山</a></em></li>
144 <li><span>B</span><em><a href="http://bj.×××.cn/" rel="nofollow">北京</a></em></li>
145 <li><span>C</span><em><a href="http://cc.×××.cn/" rel="nofollow">重庆</a>
        <a href="http://cd.×××.cn/" rel="nofollow">成都</a>
        <a href="http://cs.×××.cn/" rel="nofollow">长沙</a></em></li>
146 <li><span>D</span><em><a href="http://dl.×××.cn/" rel="nofollow">大连</a>
```

图 5-5 | 某网站在网页中的链接

5.2.2 内部链接的布局

合理地布局网站内部链接能更好地引导用户访问整个网站，增加网站的访问深度，降低网站的跳出率。网站内部链接主要分布在导航栏、面包屑导航、相关导航以及锚文本中。

1. 导航栏

导航栏是网站不可缺少的部分，是非常重要的内部链接区域。由于导航栏一般位于网站顶部，搜索引擎会优先抓取它，并给予较高的权重。图 5-6 所示为腾讯网的导航栏，其中包括新闻、财经、科技、娱乐、体育等栏目，用户通过导航栏可以很方便地进入相关页面。

图 5-6 | 腾讯网的导航栏

在对导航栏进行优化时，还需要注意以下 4 个方面。

- **在导航文本中插入关键词** | 在导航文本中插入相应的关键词，有利于搜索引擎通过关键词了解对应栏目的具体内容，进而实现对网页的收录。
- **使用文本链接** | 导航栏不要使用 Flash、图片等内容来制作，因为这些内容不易被搜索引擎识别和抓取。使用文本链接制作导航栏则有利于提高网页的排名。
- **设置分类导航** | 如果网站中的栏目非常多，每个栏目下又有很多子栏目，无法将所有栏目全部放置在导航栏中，就可以在导航栏下方增加分类导航，这样可以容纳更多的分类。
- **导航栏目的顺序应符合用户习惯** | 网站导航栏目的顺序应符合用户的使用习惯。一般情况下，用户习惯从左向右看，因此比较重要的栏目应该放置在导航栏的左侧，次要的栏目应该放在导航栏的右侧，这样用户可以按自己的需求依次找到想要的内容。

2. 面包屑导航

面包屑导航这个概念来自童话故事《汉赛尔和格莱特》，汉赛尔和格莱特为避免穿过森林时迷路，在沿途走过的地方都撒下了面包屑，这样他们就可以通过这些面包屑找到回家的路。

面包屑导航是优秀网站的重要组成部分，通常位于导航栏的下方，如图 5-7 所示。它不仅可以让用户清晰地知道自己的位置，还可以让搜索引擎了解网站的结构。

图 5-7 | 面包屑导航

在对面包屑导航进行优化时，需要注意以下 5 个方面。

- 网站必须有面包屑导航，如果没有面包屑导航，就需要根据网站的结构层次增加面包屑导航。
- 面包屑导航必须做成链接形式。有些网站的面包屑导航只有文字，没有设置链接，这样的面包屑导航只是一个摆设，没有任何作用。

- 在面包屑导航中要设置相应的关键词，如果长度较长，可以使用<a>标签的 title 属性进行设置。
- 按照网站实际的层级结构设置面包屑导航，避免出现跳级的现象。
- 面包屑导航设计应尽量避免使用图片与 JavaScript 脚本。

3．相关导航

相关导航是非常重要内部链接，一般位于栏目页或内容页，用于显示与本页内容具有相同分类或者其他相关属性的网页的链接。当用户浏览网页时，其中的内容不一定会完全满足其需求，用户还需要查找其他相关内容，此时网页中的相关导航板块可以帮助用户及时找到他所需要的内容，既为用户提供了方便、节约了时间，又增加了网站的浏览量，降低了跳出率。

如电商网站通常会在产品详情页中根据产品类型添加多种不同形式的相关导航。图 5-8 所示为京东商城某图书的详情页，其中的"人气单品""七日畅销榜""新书热卖榜"板块都是相关导航。

图 5-8 | 相关导航

4．锚文本

锚文本是一种特殊的文本链接，用于将网页中的关键词做成链接，然后指向网站中的其他页面。图 5-9 所示网页中的"装修"链接就是锚文本，其链接目标是网站的首页。

图 5-9 | 锚文本

锚文本优化是 SEO 中必不可少的一部分，在网页中适当添加锚文本，能够提高锚文本所在网页和所指向网页的关键词重要程度，从而提高关键词排名。锚文本的作用主要体现在以下 3 个方面。

- **提高所在网页的排名** | 网页中增加的锚文本通常与网页自身的内容有一定关系，因此，搜索引擎可以通过锚文本来了解锚文本所在网页的内容，从而提高该网页针对锚文本关键词的排名。例如，网页中包含"装修报价""装修细节"等锚文本，说明

网页的内容和这些关键词有一定关系，从而提高该网页针对"装修报价""装修细节"等关键词的排名。

- **提高所指向网页的排名**｜锚文本能够精确地描述所指向网页的内容，因此，搜索引擎可以通过锚文本来了解其所指向网页的内容，从而提高该网页针对锚文本关键词的排名。例如，"装修报价"锚文本所指向的网页一定和装修报价有关，从而提高该网页针对"装修报价"关键词的排名。

- **提升用户体验**｜当浏览某个网页时，用户可以通过锚文本快速转到其他的相关网页，能够更快、更准确地找到自己所需要的信息。

▌5.2.3　页面与网站首页的点击距离

网站所有页面与网站首页的点击距离是网站内部链接优化程度的参考数据指标之一。通常情况下，用户在访问网站时，首先会到达首页，如果其他页面与网站首页的点击距离近，则其被用户查到的概率就大；如果其他页面与网站首页的点击距离远，则其被用户查到的概率就相对小一些。

对于大部分的普通企业网站来说，页面与网站首页的点击距离最好不超过 3 次，因此网站内部链接结构要尽量扁平化，如图 5-10 所示。

图 5-10｜扁平化结构的页面点击距离

▌5.2.4　页面权重的分配

在进行网站内部链接优化时，SEO 人员需要根据页面重要程度的不同进行相应调整，以使重要的页面可以获得更多的权重。网站中的所有页面根据重要程度可分为 4 个层级，针对不同层次页面的权重分配策略如下。

- **第 1 层级页面**｜第 1 层级页面是网站中最为重要的页面，包括网站首页、重点栏目、高流量词专题页或其他特殊页面等，这些页面会采用有一定热度的词作为主关键词。网站中的所有页面都应添加指向这些页面的锚文本链接，锚文本关键词需使用这些页面的主关键词。

- **第 2 层级页面**｜第 2 层级页面一般为子栏目或重点内容页等，在权重分配上要小于第 1 层级页面，SEO 人员在进行 SEO 时只需在该网页所在主栏目下的网页中创建相应的锚文本链接。并且同一栏目下的二级栏目页之间应该互相建立链接，其下的内容页中应添加所有二级子栏目的链接，这样可以拆分权重，使二级栏目的权重明显低于一级栏目。

- **第 3 层级页面**｜第 3 层级页面是普通内容页，可以在网站首页、栏目页等地方建立相应的板块，以显示其中最新的内容页或相关内容页的链接，这些链接需要以一定的频率进行更新。

- **第 4 层级页面**｜第 4 层级页面是基本没有外部搜索流量，但又必不可少的页面，如"公司简介""联系我们"等页面，可以在链接到这些页面的链接中添加 nofollow 属性，并在其网页源代码中添加"<meta name="robots" content="noindex" />"代码，这样，搜索引擎既不会抓取该页面，也不会传递权重给该页面。

5.3 外部链接的优化

在影响搜索引擎排名的因素中，外部链接所占的比例非常大，有时甚至起到了主导作用。在进行外部链接优化时，SEO 人员首先要了解判断外部链接质量的方法，然后还要掌握挖掘优质外部链接的方法。

5.3.1 判断外部链接的质量

在实际的 SEO 过程中，很多网站的外部链接数量虽然很多，但是优化效果不理想，这主要是因为这些外部链接的质量不高，因此，判断外部链接的质量是非常重要的一项工作。一个质量较高的外部链接应具备以下特征。

1．相关性强

相关性指外部链接的主题或者关键词与自身网站的关联程度。相关性越强，越适合用作外部链接；反之，则不适合。

例如，某中小学在线教育网站，其外部链接可以为各大出版社、国家教育平台、教育门户网站，以及其他和教育相关的网站。

选择相关性强的网站用作外部链接充分考虑了用户体验，用户定位精准、链接点击率高的外部链接能给网站带来大量的流量，也能提高网站的成交转化率。

2．权重高

一个网站的权重越高，在搜索引擎中的排名就越靠前。使用爱站网的"权重综合"工具可以查询一个网站在各大搜索引擎中的权重。

拓展案例

使用爱站网的"权重综合"工具查询网站在各大搜索引擎中的权重，具体操作如下。

（1）在爱站网中单击"权重查询"下的"权重综合"链接，进入"权重综合"页面。在"权重综合"搜索文本框中输入要进行权重综合查询的网站网址，然后单击 素询 按钮，如图 5-11 所示。

（2）系统开始对网站的权重进行查询，完成后，将显示网站在各大搜索引擎中的预估流量、权重、总词数等信息，如图 5-12 所示。

扫一扫

微课视频

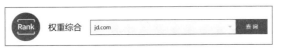

图 5-11｜权重综合查询

	预估流量	权重	总词数	第一页	第二页	第三页	第四页	第五页
百度PC	458,275 ~ 577,233 IP	8	935,385 ↑998	184,489 ↑274	160,583 ↓-99	292,201 ↑511	192,696 ↓-44	105,416 ↑356
百度移动	197,154 ~ 271,937 IP	8	197,918 ↑712	28,079 ↑21	52,614 ↑257	36,765 ↓-56	37,481 ↑124	42,979 ↑366
搜狗PC	153,148 ~ 233,872 IP	7	549,577 ↓-2006	136,345 ↓-483	154,523 ↓-685	115,650 ↓-366	92,184 ↓-320	50,875 ↓-152
搜狗移动	229,718 ~ 290,609 IP	8	885,324 ↓-1681	198,400 ↓-463	240,607 ↓-727	201,499 ↓-266	131,009 ↓-135	113,809 ↓-90
360PC	252,936 ~ 303,048 IP	8	385,286 ↑293	70,779 ↑478	89,419 ↑494	82,338 ↑173	76,278 ↓-429	66,472 ↓-423
360移动	205,783 ~ 259,937 IP	8	433,234 ↑575	76,696 ↓-111	97,718 ↑157	98,199 ↑283	90,922 ↑157	69,699 ↑89
神马	150,942 ~ 193,621 IP	7	474,997	238,383 —	168,523 —	52,440 —	12,511 —	3,140 —

图 5-12 | 权重综合查询结果

3．导出链接少

即使网站的权重很高，但导出链接过多也会使最终分配到自身网站的权重变低。因此，在选择外部链接时，应尽量选择导出链接较少的网站。

4．属于特别推荐链接

特别推荐链接主要指论坛中的链接，如精华帖、置顶帖等。如果将链接设置在对应的位置，则可能获得更多的曝光机会，从而为网站带来更多流量。

5．属于权威网站

.edu、.gov 和.ac 的域名分别表示教育机构、政府机构和科研机构，这些域名代表权威机构，具有一定的公信力，非常受搜索引擎的信任，且收录量高、排名靠前。如果网站有这样的外部链接，就能够增加网站的流量。

5.3.2 挖掘优质外部链接的方法

由于搜索引擎对外部链接的重视程度较高，因此获取高质量的外部链接是网站外部链接优化的重点工作之一。下面将介绍 3 种获取优质外部链接的方法。

1．利用工具寻找相似网站

如果一个网站的关键词与自己网站的关键词高度重合，则说明这个网站与自己的网站是类似的。通过爱站网的"网站重合"工具，SEO 人员就可以查询与自己的网站相似的网站。

拓展案例

使用爱站网的"网站重合"工具查询与某装修网站相似的网站，具体操作如下。

（1）在爱站网中单击"SEO 查询"下的"网站重合"链接，进入"网站重合"页面。在"网站重合"搜索文本框中输入要进行网站重合查询的网站网址，然后单击 查询 按钮，如图 5-13 所示。

扫一扫

微课视频

（2）系统开始查询与该网站的关键词高度重合的网站，完成后，将显示重合网站的域名、重合率、被重合率等信息，如图 5-14 所示。

（3）单击"重合网站"下某个网站的域名，在打开的页面中可以查看该网站的百度权重、流量数据和收录情况等数据，如图 5-15 所示。

（4）通过比较网站的重合率和网站权重，从中找出重合度和权重都较高的网站作为建设外部链接的网站。

图 5-13｜网站重合查询

图 5-14｜网站重合查询结果

图 5-15｜重合网站的效果数据

经验之谈

　　重合率表示重合关键词的个数与查询网站中所有关键词的个数的百分比。被重合率是指重合关键词的个数与重合网站中所有关键词的个数的百分比。重合关键词表示两个网站中重合的关键词的个数。

2．在分类信息平台中增加外部链接

　　在网站的外部链接优化过程中还可选择分类信息平台作为外部链接网站，如 58 同城、赶集网、百姓网和易登网等。

　　在这些网站中注册会员后可以免费发帖，在帖子内容中可以详细介绍公司业务、产品等信息，并添加网站链接。在分类信息网站中发帖很容易被搜索引擎收录，这不仅会使网站收获大量的流量，还能促成成交转化。

3．在开放分类目录平台中增加外部链接

　　开放分类目录平台指把互联网网站信息收集在一起，并按照不同的分类、主题放在相对应的目录中的网站。在搜索引擎出现之前，开放分类目录平台的应用相当广泛，如酷帝等。图 5-16 所示为酷帝的首页。随着搜索引擎的出现，网站分类目录的应用和普及逐渐变弱，不过各分类目录网站之间能相互调用各自的分类信息，从而使网站获得更多的推广机会。

酷帝网站目录 - 全力打造互动式中文网站分类目录(中文网站导航)，提供网站分类目录检索功能，酷站目录免费收录各类优秀网站。提交网站

休闲娱乐(3032)				
·影视音乐	·游戏动漫	·图片铃声	·■■写真	·■■■■
·收集珍藏	·聊天交友	·笑话娱乐	·休闲健身	·其他

电脑网络(6670)				
·门户名站	·搜索引擎	·电子商务	·电脑硬件	·软件编程
·网络游戏	·网络资源	·网络学校	·IT资讯	·资源下载
·域名空间	·网站建设	·站长资源	·网络营销	·网址黄页
·数码产品	·手机通信	·多媒体	·安全	

商业经济(13168)				
·农林牧鱼	·能源化工	·机械电子	·建筑环保	·金融保险
·法律财经	·贸易招商	·广告营销	·商务服务	·会展活动
·咨询服务	·工业制品	·纸业印刷	·钟表眼镜	·交通物流
·影像器材	·仪器仪表	·冶金冶炼	·汽摩配件	·其他

生活服务(10198)				
·服装鞋帽	·餐饮美食	·房产家居	·宾馆旅游	·交通物流
·百货购物	·医疗保健	·宠物玩具	·鲜花礼品	·时尚美容
·婚庆礼仪	·生活常识	·婚态家庭	·天气预报	·其他

教育文化(4106)				
·高校	·人力资源	·高考考研	·少儿教育	·成人教育
·培训	·留学出国	·报刊图书	·音像制品	·文学论文
·英语	·文化艺术	·文教用品	·体育	·其他

博客论坛(1810)				
·休闲娱乐	·电脑网络	·教育文化	·生活服务	·其他

综合其他(4275)				
·政府组织	·省市导航	·工商税务	·公共福利	·社会团体
·科学技术	·天文地理	·历史考古	·军事	·新闻综合
·综合网站	·个人网站	·其他		

推荐网站

SEO搜索引擎优化
介绍搜索引擎优化与搜索引擎…
www.■■■■■■■■

中国站长之家
提供搜索引擎收录查询，反向…
www.■■■■■■■■.cn

蓝申
上海■■■■■有限公司是一家…
www.■■■■■■■■

快速链接

● www.■■■■.com - ■■
● www.■■■■.com - ■■

最新加入网站 TOP100

1. ■■■■ www.■■■■.com.cn
2. ■■■■ www.■■■■■■
3. ■■■■■■ www.■■■■
4. ■■■■■ www.■■■■.com
5. ■■■■ www.■■■■.com

入站排行榜 TOP100

1. ■■■■ www.■■■■.com
2. ■■■■■ site■■■.com
3. ■■■■ www.■■■■.com
4. ■■ www.■■■■.cn
5. ■■■■ www.■■■■.com

图 5-16 | 酷帝的首页

5.4 添加友情链接

友情链接作为一种特殊的外部链接，是网站的基本推广手段。下面将详细介绍友情链接的相关知识，包括什么是友情链接、友情链接的获取途径等。

扫一扫

微课视频

5.4.1 什么是友情链接

友情链接也称交换链接、互惠链接、互换链接或联盟链接等，是一种具有资源互补优势的网站之间的简单合作形式，即分别在自己的网站中放置可以链接到对方网站的入口，使用户可以从合作网站中发现自己的网站，达到互相推广的目的。

友情链接通常显示在网页的底部，其展现形式主要是对方网站的 Logo 图片链接或网站名称锚文本链接。

5.4.2 友情链接的获取途径

获取友情链接的途径很多，如相关论坛、相关 QQ 群、友情链接工具软件和链接交换平台等。

1．相关论坛

很多站长论坛（如落伍者论坛、17 推论坛等）中有友情链接板块，如图 5-17 所示。这类论坛中不仅会发布友情链接交换信息，还有网站建设和 SEO 等相关信息。经常访问这类论坛，不仅可以找到优质的友情链接资源，还可以和论坛中的网友一起探讨和学习网站建设、SEO 等方面的知识。

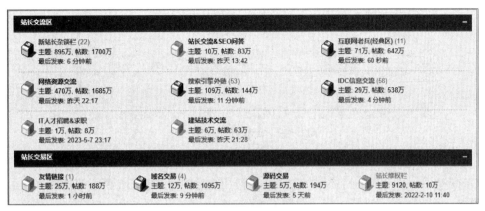

图 5-17｜友情链接板块

2．相关 QQ 群

在 QQ 的"查找"对话框的"找群"选项卡中，搜索"友情链接"就可以查找到很多交换友情链接的 QQ 群，如图 5-18 所示。加入友情链接 QQ 群后，可以通过与群内成员聊天的方式找到适合自己网站的友情链接。

图 5-18｜查找友情链接 QQ 群

3．友情链接工具软件

友情链接工具软件也是一种添加友情链接的途径，如链天下。它是一款专门针对网站友情链接交换、交易和监控的工具软件，目前拥有近 10 万个有效网站资源，日均在线友情链接交换网站近 3 万个。链天下解决了网站友情链接交换过程中资源对接不集中、不及时等问题，提高友情链接交换的工作效率。图 5-19 所示为链天下的主界面。

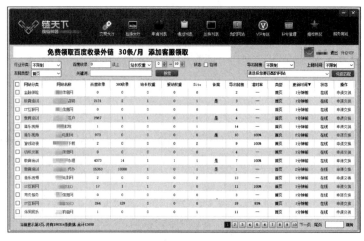

图 5-19 | 链天下的主界面

4．链接交换平台

链接交换平台是一种专门提供友情链接交换和交易的网站，可在百度等搜索引擎中搜索"链接交换平台"关键词进行查找，如图 5-20 所示。

图 5-20 | 搜索"链接交换平台"关键词

▌5.4.3 交换友情链接的注意事项

交换友情链接可以帮助网站获得更多的流量，提高搜索引擎排名，但需要谨慎选择交换友情链接的网站，以确保交换的友情链接不会被视为低质量或垃圾链接，否则会对网站产生负面影响。交换友情链接时，SEO 人员应注意以下事项。

1．相关性要强

交换友情链接的两个网站的内容应具有相关性，这样可以提高链接的质量和价值，有助于提高搜索引擎排名，同时也可以为网站带来更多的流量和转化。

内容相关性强并不要求两个网站的行业相同，而是要求两个网站具备一定的相关性，如"数码产品"和"计算机、办公设备"的相关性较强，而和"服装鞋帽"就没有相关性。

2．网站权重要高

如果友情链接来自一个权重较高的网站，就可以为自己的网站带来更多的流量和提高搜索引擎排名。因为搜索引擎更倾向于从权重高的网站获取链接，这些链接通常会被视为更有价值的链接。但是权重较高的网站不希望和权重较低的网站交换友情链接，所以大多数情况下，网站都是和与自己网站权重相当的网站交换友情链接。因此，在寻找网站的友情链接时，应选择权重较高的或权重与自己网站权重相当的网站。

3．友情链接数量要少

如果网站上的友情链接过多，这些链接可能会被搜索引擎视为垃圾链接，从而对网站产生负面影响。此外，链接太多的其他网站，也可能会分散流量和链接权重，从而影响搜索引擎的排名。因此，需要在网站上放置少量的高质量友情链接。

4．不要做交叉友情链接

做友情链接时，双向链接的效果不如单向链接。有时会有多个网站一起做交叉友情链接的情况，例如，甲有 A、B 两个网站，乙有 C 网站，网站 A 链接网站 C，网站 C 链接网站 B，这就是交叉友情链接。由于所有链接都变为了单向链接，权重传递的效果更好。

但是，交叉友情链接不可控制的环节较多，一旦中间有一个环节断裂，网站之间的权重就不能很好地传递。此外，如果其中有网站传递色情、赌博等垃圾链接，那么导入链接的网站可能会被搜索引擎处罚。

5.5 处理死链接

死链接即无效的、不可到达的链接。如果一个网站存在大量死链接，会大大损伤其整体形象。另外，网络蜘蛛是通过链接来爬行的，如果死链接太多，不但收录页面的数量会减少，而且网站的权重也会大大降低。

5.5.1 什么是死链接

死链接指原本能够正常访问，但后来因为某些原因不能正常访问的链接。产生死链接的原因很多，了解这些原因之后，就可以采取相应的措施来消除死链接，并避免产生新的死链接。下面总结 5 种产生死链接的原因。

- **网站改版**｜对网站进行改版时，网站的 URL、栏目层级和文件位置等都可能发生变化，从而出现原有网页无法打开的情况，最终导致搜索引擎收录的页面以及其他网站中的外部链接也都无法打开。如果内容依然存在，只是网址变更了，则可以通过 301 跳转将旧网址跳转到新网址上；如果内容不存在了，则应返回 404 页面，并在搜索引擎中进行死链提交和删除快照等操作，让搜索结果不再出现该网页。
- **伪静态设置**｜在进行网站优化时会将动态 URL 进行伪静态设置，即让所有页面都通过新的静态链接进行访问，并屏蔽原有的动态链接，这样原来的动态链接就会成为死链接。遇到这种情况，建议在网站进行伪静态设置后不要立即屏蔽原有的动态链接，而应当在有一半以上的静态链接被新收录时，再对动态链接进行屏蔽。
- **内容转载**｜如果网页内容转载自其他网站，通常会带有很多链接，这些链接一般是相对路径，在新网站中没有对应的路径和文件就会成为死链接。所以在转载其他网站的内容时，要仔细检查并删除其中的链接。
- **内容被误删**｜在操作网站后台时，如果不小心删除了某些文件，也会产生死链接。这时要尽量恢复被删除的内容，若实在无法恢复，则要进行死链提交。
- **网站被黑客攻击**｜黑客攻击在网络中较为普遍。因此，要经常对网站内容进行备份，当被黑客攻击时即可及时恢复。

5.5.2 查找死链接

如果网站运营过程中经常出现死链接，就需要对其进行查找，以便及时处理。互联网中有很多提供死链接检测的网站，下面介绍爱站网的"死链检测"工具的使用方法。

拓展案例

使用爱站网的"死链检测"工具检测网站中的死链接，具体操作如下。

（1）在爱站网中单击"其他工具"下的"死链检测"按钮，进入"死链检测"页面。在"死链检测"搜索文本框中输入要进行死链接检测的网站网址，然后单击 查询 按钮，如图 5-21 所示。

（2）系统开始对网站的所有链接进行检测，并显示网站中的总链接数和死链接数，以及每个链接的链接信息、网站标题和状态。其中，死链接的显示状态为"重查"超链接，单击该超链接可以重新对该链接进行检测，如图 5-22 所示。

扫一扫

微课视频

图 5-21 | 死链检测

图 5-22 | 死链检测结果

5.5.3 死链接的处理方法

网站中的死链接过多，不仅会严重影响用户体验，还会影响网站优化的效果。因此，SEO 人员必须及时对死链接进行处理。

有些死链接可以通过修改错误和设置 301 跳转恢复访问,而有些死链接则无法恢复访问。针对这些无法恢复访问的死链接，SEO 人员需要运用以下方法来进行处理。

1. robots.txt 文件设置

为了避免搜索引擎抓取网站中的死链接，可以使用 robots.txt 文件对这些链接进行屏蔽。将找到的死链接添加到 robots.txt 文件的"Disallow:"后面，如图 5-23 所示。

2. 死链提交

新建一个 txt 文本文件，命名为 silian.txt，然后将整理好的死链接地址复制到该文本文件中，并上传到网站的根目录中。然后在百度站长平台进行死链提交，在"请填写死链文件地址"文本框中输入死链文件的地址，如图 5-24 所示。

图 5-23 | 屏蔽死链接

图 5-24 | 死链提交

5.6 本章实训

5.6.1 实训背景

"萌宠网"是一家分享宠物趣味搞笑图片和感人的宠物故事，交流宠物的喂养、美容、选购、训练、医疗、繁育等养宠知识的网站。本实训将对该网站的内部链接、外部链接的优化情况，以及死链接进行检测。

- 对网站的内部链接、外部链接进行检测和分析，并提出相应的优化方案，然后对网站中的死链接进行检测和处理。
- 在检测和分析的过程中，需要判断网站中的内部链接和外部链接的设置是否合理，是否还有更好的解决方案，从而培养综合分析能力和创新思维。

5.6.2 实训要求

（1）对网站的导航栏、面包屑导航、网站 Logo 图片链接和锚文本链接等内部链接进行检测并提出优化方案。

（2）对网站的友情链接等外部链接进行检测并提出优化方案。

（3）查询网站中的死链接并进行处理。

扫一扫

微课视频

5.6.3 实训步骤

（1）在浏览器中打开萌宠网网站，其首页的导航栏如图 5-25 所示，这些都是指向网站各个栏目的内部链接。

图 5-25 | 首页的导航栏

（2）在导航栏上单击鼠标右键，在弹出的快捷菜单中选择"审查元素"命令，在打开的界面中查看网站导航的源代码，如图 5-26 所示。从中可以看出，网站导航使用的是文本链接，但在每个链接外添加了一个<h5>标签，<h5>标签的权重较低，不适合在导航栏中使用。

（3）查看网站 Logo 图片的源代码，如图 5-27 所示。从中可以看出， Logo 图片上有链接到网站首页的内部链接，并且为<a>标签设置了 title 属性。

图 5-26｜网站导航的源代码

图 5-27｜网站 Logo 图片的源代码

（4）该网站首页中有"狗狗百科""猫咪百科"等板块，如图 5-28 所示。这些板块都是直接链接到各个栏目中具体内容页的内部链接，这些内部链接不仅可以丰富首页内容，方便用户快速找到需要的内容，还能为相应的页面传递权重。

图 5-28｜网站首页中的"狗狗百科""猫咪百科"板块

（5）单击导航栏中的一个链接进入栏目页，如图 5-29 所示，可以看到该栏目页中设置有面包屑导航和次级导航（狗狗检索栏下的超链接），这些导航不仅可以方便用户在各级页面之间跳转，还可以为各级页面添加内部链接，以控制权重的分配。

图 5-29｜栏目页导航

（6）单击一个文章标题链接，进入内容页，将鼠标移动到正文中的第1个"泰迪"文本上，可以发现鼠标形状变为🖑，文本颜色也发生了改变，如图5-30所示。这是一个跳转到"泰迪"页面的内部链接，可以向"泰迪"页面传递权重。

图5-30｜内容页

（7）在内容页的下方有一个"相关阅读"栏目，其中列出了一些和当前文章内容相关的网页的链接，如图5-31所示。编辑这些链接可以方便用户查找相关的内容，也可以为这些相关内容页面传递权重。

图5-31｜内容页"相关阅读"栏目

（8）单击网站Logo图片，返回网站首页，查看页面最下方的"友情链接"栏目，如图5-32所示。其中的"水果百科网""电视剧情""美站网""无极起名网"和宠物无关，并不适合作为本网站的友情链接网站。此外还需要依次单击每个友情链接，检测是否有不能访问的网站或网站的内容是否有问题。发现有问题的链接要及时删除。

图5-32｜"友情链接"栏目

（9）在爱站网中使用"反链查询"工具查询网站外部链接，如图 5-33 所示。从查询结果中可以看出，网站外部链接较少，且权重普遍偏低，还需要继续挖掘高权重的外部链接。

序号	标题	网址	权重	反链数	链接名称	发现时间
1	███网	www.███.com	4	≈3	萌宠	2023-04-29
2	███宠物网 - 国内优质的宠物门户网站！	www.███.com	2	≈16	萌宠	2023-04-25
3	宝宝取名·生肖字辈取名大全 - ███网	www.███.cn	2	≈84	萌宠	2023-04-29
4	███网 - 有爱有趣有用的宠物门户网站！	www.███.cn	2	≈6	萌宠网	2023-04-29
5	电影电视剧剧情介绍-趣知影视	www.███.com	2	≈50	萌宠	2023-04-29
6	███网	███.cn	1	≈2	萌宠网	2023-04-25
7	萌宠大星球	www.███.com	1	≈30	萌宠	2023-04-25
8	搬家公司-搬家公司电话_长途搬家公司_物流公司_找服务网	www.███.net	1	≈55	萌宠	2023-04-25
9	各种水果知识科普大全-███网	www.███.com	1	≈39	萌宠	2023-04-28

图 5-33｜查询网站外部链接

（10）在爱站网中查询网站中的死链接，如图 5-34 所示。从查询结果中可以看出，该网站有 2 个死链接。在网站中找到链接的位置，然后进行删除或修改。

共有链接 38 个; 死链接 2 个 检测完成！

序号	链接信息	网站标题	状态
1	https://m.███.cn/	手机版	✓
2	https://www.███.com/	宠伴网	✓
3	https://www.███.cn/	爱宠网	✓
4	https://www.███.com	宠物网	✓
5	http://www.███.com	宠物	✓
6	http://www.███.com	龙猫多少钱一只	✓
7	https://www.███.com	黄缘闭壳龟	✓
8	https://www.███.cn	萌宠	✓
9	https://www.███.cn/gushi/	宠物故事	✓
10	https://www.███.cn/quwei	宠物趣味	✓

图 5-34｜查询网站中的死链接

职业素养

SEO 人员需要具备创新思维，以不断提高网站的排名，增加网站的流量，为网站带来更多的价值。只有不断更新知识、紧跟时代步伐，并在实践中探索新的解决方案，才能在竞争激烈的市场环境中获得成功。

5.7 课后练习

一、填空题

1. 网页中的链接按链接对象分类，可以分为_____和_____；按链接方向分类，可以分为_____和_____；按内外进行分类，可以分为_____和_____。

2. 内部链接指_____各网页之间的链接。

3. 外部链接又叫_____，指与_____的页面之间的链接。

4. nofollow 属性值可以写在_____和_____中。

二、单项选择题

1. nofollow 属性值写在 Meta 标签中的代码是（　　　）。

    A. \<meta name="robots" content="nofollow" /\>

    B. \<meta name="nofollow" content="robots" /\>

    C. \<meta name="nofollow" /\>

    D. \<meta content="nofollow" /\>

2. 下列选项中，对于网站导航优化的描述，错误的是（　　　）。

    A. 进行网站导航设置时，可以多使用图片、Flash、JavaScript 等生成导航

    B. 导航中不要堆砌关键词，这不利于用户体验

    C. 使用面包屑导航的网站的架构更加清晰，同样有利于提升网站用户体验和网络蜘蛛抓取

    D. 网站导航关键词可以按照从左到右、从上到下的重要性依次进行分布，这样既符合用户的浏览习惯，又有利于搜索引擎的权重分配

三、判断题

1. 纯文本链接指从一个网页通过文本指向另外一个网页。（　　　）

2. 外部链接指其他网站指向自己网站的链接。（　　　）

3. HTML 版本的网站地图只适合网络蜘蛛抓取，不利于用户体验。（　　　）

四、简答题

1. 简述友情链接的获取途径。

2. 简述产生死链接的原因。

五、操作题

1. 使用站长工具网中的"反链查询"工具查询某个网站的外部链接。

2. 使用爱站网中的"死链检测"工具查找某个网站中的死链接。

第6章 网站关键词优化

本章导读

关键词搜索是搜索引擎索引网站的主要方法之一，因此，网站关键词的优化是 SEO 过程中相当重要的环节。然而，很多刚接触 SEO 的新手在进行关键词优化时总是会犯各种各样的错误。例如，选择热门的关键词作为网站的核心关键词，但由于网站权重较低，结果排名很靠后。或者，选择过于生僻的词作为网站关键词，结果降低了被搜索到的概率。那么，SEO 人员应该如何为网站选择关键词？又如何判断关键词的竞争度呢？本章将详细介绍网站关键词优化的全流程，首先介绍关键词的基础知识，接着讲解关键词的优化策略，最后讲解对关键词的优化效果进行评估的方法。

学习目标

| 了解关键词的定义和分类

| 掌握关键词的优化策略

| 熟悉关键词优化效果的评估指标

| 能够为网站选择合适的核心关键词、次要关键词和长尾关键词

| 能够分析关键词的竞争度并布局关键词

| 能够利用数据指标评估关键词的优化效果

| 培养良好的团队合作能力，能够与其他团队成员密切沟通协作，共同完成任务

| 培养客户服务意识，能够在不断优化网站的过程中提供高质量的服务和建议

6.1 认识关键词

在互联网时代，企业网站已不再是单纯的信息展示平台。通过关键词优化，企业网站可在搜索引擎中获得更高的排名和更多的流量，提高企业的知名度和影响力，吸引更多潜在用户，促进商业交易，最终实现网络化营销。因此，关键词的质量直接影响网站的流量大小。在进行关键词优化之前，SEO 人员必须了解关键词的定义、分类等基础知识。

6.1.1 关键词的定义

关键词源自英文单词"keywords"。在 SEO 领域，关键词是指为方便用户通过搜索引擎搜索到本网站而设定的词汇。关键词可以是一个词、一个短语或一句话。搜索引擎会自动将较长的关键词分割为多个关键词。图 6-1 所示为在百度搜索框中输入"挑选笔记本电脑的技巧"关键词搜索的结果。

图 6-1 | 关键词搜索结果

6.1.2 关键词的分类

在 SEO 的过程中，选择合适的关键词至关重要。但在具体操作之前，SEO 人员需要明确关键词的分类方式，这样才能根据网站的特性筛选、布局和优化关键词。关键词有多种分类方式，不同性质的网站使用的分类方式也不同。

1．按热度进行分类

关键词的热度主要指关键词近期的总搜索量。一般来说，关键词搜索量越大，热度越高；反之，则热度越低。根据搜索量的大小关键词可以分为热门关键词、冷门关键词和普通关键词。

- **热门关键词**｜热门关键词指近期内搜索量较大的关键词，如热播电视剧和热门事件等词语。通常情况下，这类关键词的竞争非常激烈，许多知名网站也会竞争这一部分关键词。如果通过关键词优化获得比较靠前的位置，网站就能够获得非常可观的流量。

- **冷门关键词**｜冷门关键词指近期内搜索量较小的关键词，如计算机死机的处理方法、软文发布技巧等。这类关键词的搜索量较低，但是词量比较大。根据相关统计，在网站搜索流量中，冷门关键词所贡献的流量占比 20% 左右。这部分关键词可能每隔几天才会为网站带来流量，但是如果网站的信息丰富全面，综合下来也可以为网站带来比较可观的流量。

- **普通关键词**｜普通关键词指具有一定搜索量，且搜索量介于热门关键词和冷门关键词之间的关键词，如图书出版、卧室装修和钢琴培训等。这类关键词的竞争不大，并且细分程度高、精确度高、涵盖面广。SEO 人员通过优化这类关键词，也能为网站带来大量的流量。

📖 经验之谈

新网站建议多选择一些普通关键词和冷门关键词。热门关键词虽然搜索量很大，但用户搜索的目的性不强，搜索不够精准，不容易产生转化。而普通关键词和冷门关键词虽然搜索量不是很大，但是用户搜索的目的性很强，搜索很精准，而且竞争难度也不大。

2．按重要程度进行分类

按关键词的重要程度进行分类，关键词可以分为核心关键词、次要关键词和长尾关键词。

- **核心关键词**｜核心关键词指能直接表现出网站主题的关键词，并且网站的内容也是围绕这些关键词展开的，一般由 2～4 个字构成，如"形象设计""时尚彩妆""儿童画具"等。这类关键词的竞争比较激烈，但是带来的流量很大。

- **次要关键词**｜次要关键词是核心关键词的拓展词，重要程度仅次于核心关键词。

- **长尾关键词**｜长尾关键词指字数较多、描述具体的关键词，一般由多个词组合而成，如"2023 夏季新款简约宽松 T 恤"等。这种类型的关键词搜索量相对较小，但是搜索很精准，用户目的性很强，且竞争度很小。

3．按性质进行分类

根据关键词性质的不同，关键词可以分为产品词、属性词、营销词和品牌词。

- **产品词**｜产品词是商品或行业的主要通用性名称，具有较高的搜索量和曝光度，能够将某商品或行业与其他商品或行业区别开。例如，在电商行业中，手机、笔记本电脑、平板电脑等名称就是典型的产品词。

- **属性词｜**属性词也叫修饰词，主要体现商品的一些特征和属性，能够帮助买家了解产品的详细情况和特有的属性。例如，在服装行业中，尺寸、颜色、材质等都是常见的属性词。
- **营销词｜**营销词指具有营销性质和表示产品卖点的词，这种词一般具有一定的引导性或者营销效果，能够引起买家的注意，令其更加关注并激起购买欲望。例如，在电商行业中，促销、打折、特价等都是常见的营销词。
- **品牌词｜**品牌词一般是指明确带有企业品牌名称的关键词，是网站、产品、服务的一个代表性的名字，子品牌词也是品牌词的范畴。例如，在手机行业中，华为、小米、苹果等品牌名称都是典型的品牌词。

4．其他分类

除了以上 3 种基本分类方法，SEO 人员还可以采取其他分类方式进行分类。例如，泛关键词、别名关键词、时间关键词、错别关键词和问答关键词等。

经验之谈

> 通常而言，网站的关键词尽量设置为高搜索量、低竞争度的关键词，以最大限度地增加网站的流量；并且网站中至少应该有 1～3 个核心关键词。此外，核心关键词要符合网站的整体架构，适应网站的中长期发展。

6.2 关键词的优化策略

一个网站想要实现盈利，必须拥有大量流量。而很多网站的流量主要来源于搜索引擎。通过关键词优化策略，网站可以在搜索引擎中获得较高排名，以及较多的流量。

扫一扫

微课视频

然而，关键词优化并非一蹴而就，需要制定相应策略并有计划地逐步完成。在制定关键词优化策略前，SEO 人员需要了解影响关键词优化的因素、关键词的选择原则、关键词的挖掘与拓展、关键词竞争度分析以及关键词的布局等内容。

6.2.1 影响关键词优化的因素

影响关键词优化的因素主要包括网站权重、关键词密度、Meta 标签、相似关键词和导入链接的相关性五大因素。

1．网站权重

网站权重（如百度权重、360 权重等）能够直观体现网站在相应搜索引擎中的重要程度。网站权重越高，网站中网页的权重也就越高，在其他条件相同的情况下，权重越高的网页在搜索引擎搜索结果中的排名越靠前，因此，增加网站权重可以提升整个网站的关键词优化效果。

2．关键词密度

关键词密度用于衡量某个关键词在网页上出现的频繁程度，其值为某个关键词的总字符数与网页的总字符数的比例。

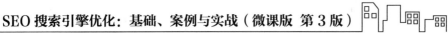

例如，某网页共有 500 个字符，关键词是 2 个字符，并且出现了 10 次，那么该关键词的密度：2×10/500=4%。

关键词密度并不是越大越好。对于大部分的搜索引擎来说，关键词密度在 2%～8% 是一个比较合适的范围，这样既有利于关键词的优化，也不会被搜索引擎判定为关键词堆砌。

3．Meta 标签

Meta 标签是网页 HTML 源代码中的一个重要的标签。Meta 标签主要用来描述 HTML 网页文件的属性，如作者、网页描述、关键词和页面刷新等。

在关键词的优化过程中，合理地利用 Meta 标签的 description（描述）和 keywords（关键词）属性，并添加相应的关键词，可提升网站的用户体验。

4．相似关键词

搜索引擎在匹配网页关键词时，会使用同义词来进一步加强页面的主题相关性，因此，网页中的内容不要仅与完整匹配的目标关键词相关，在网页中加入相似关键词也是提升关键词优化效果的有效方法之一。

例如，对某书法培训机构进行关键词优化，其主要关键词是"书法"，相似关键词可设置为"书法培训""速成书法""硬笔书法"和"毛笔书法"等。

5．导入链接的相关性

导入链接指在其他网站中链接目标是自己网站中的网页的超链接。对导入链接进行分析是目前搜索引擎计算网页权重的一个重要手段。导入链接越多、来源越广泛，对提高网站排名越有帮助。如果导入链接所在网页的内容与本网页的内容的相关性较强，则能够直接提升关键词的优化效果，进而提高网站的排名。

6.2.2　关键词的选择原则

关键词是 SEO 的基础。对于 SEO 人员来说，选择网站的关键词是其重要的工作之一，但在实际的工作过程中，很多没有经验的 SEO 人员会根据自身的喜好来选择关键词，而忽略了用户的习惯和需求。因此，SEO 人员在选择关键词时应该慎重，并遵循关键词选择的基本原则。

1．关键词与网站主题要紧密相关

对于任何一个网站来说，关键词都是为网站服务的，因此在选择关键词时，要考虑该关键词与网站内容的相关性。如果所选择的关键词和网站主题无关，那么搜索出的网页内容就会与用户搜索的关键词毫无关联，即使有用户访问了网站，但其没有发现有价值的信息，也会立即退出网站，并且以后也不会再次主动访问。

2．主关键词不能太宽泛

主关键词不宜选择过于宽泛的词，如学校、电子商务和新闻等。这些词通常竞争激烈，优化难度大，想要长期保持较高的排名，就需要网站投入大量的人力、物力和财力。另外，太宽泛的关键词不能准确地把握用户的搜索目的，转化率也不高。总体来说，选择的关键词应该具有精准性和针对性，且能够直接突出网站的主题。

3．关键词不要太特殊

选择主关键词时，既不能过于宽泛，也不能过于特殊。因为过于特殊的关键词虽然竞争度很小，但是搜索这个关键词的用户也很少，甚至可能没有用户搜索。

一般来说，公司名称、品牌名称、产品名称或者地名都属于特殊关键词。如"成都×××房地产公司"就太特殊了，即便是非常知名的企业，也很少有人会使用公司的全称来进行搜索，而且也无法发展不知道公司名称的新用户。

4．站在用户的角度考虑

有些 SEO 人员选择关键词时主要根据自身的主观想法，这样选择出来的关键词可能会过于专业，不太符合用户的搜索习惯。因此，SEO 人员应该站在用户的角度考虑，借助网站数据调查，熟悉用户的搜索习惯，最终确定关键词。

5．选择竞争度小的关键词

有些关键词的含义相同或相似，但具有不同的搜索量和竞争度，SEO 人员应尽量选择搜索量较大、竞争度较小的关键词。竞争度在关键词的选择上非常重要，竞争度越小的关键词越容易优化，也越容易取得较好的排名。

但在实际工作中这样的关键词并不好找，大部分搜索量大的关键词，往往竞争度也比较大。这时，SEO 人员就可以通过关键词挖掘、拓展工具，查询关键词搜索量和竞争度数据，从中筛选出搜索量较大、竞争度较小的关键词。

6．选择商业价值高的关键词

不同的关键词有不同的商业价值。例如，搜索"数码相机成像原理"的用户的购买意图就很低，所以其商业价值也不高，因为用户很可能只是想了解数码相机的成像原理。而搜索"数码相机价格"关键词的用户的购买意图就很高，搜索"数码相机购买"或"数码相机促销"的用户的购买意图已经非常明确，这种关键词的商业价值就很高，如果网站能适时推出一些促销活动就很可能促成用户购买。

6.2.3　关键词的挖掘与拓展

关键词是一个网站的灵魂，SEO 人员如果没有做好关键词的挖掘与拓展工作，即使是热门关键词也无法拥有较理想的排名，也就很难获取精准的流量。因此，关键词的挖掘与拓展对于网站的 SEO 是非常重要的。

一般情况下，确定网站关键词的第一步就是选择核心关键词，然后，还要对核心关键词进行拓展，以便选择次要关键词和长尾关键词。下面将讲解如何选择核心关键词、次要关键词以及长尾关键词。

1．选择核心关键词

核心关键词是经过关键词分析确定下来的网站最主要的关键词，通俗地讲，用户搜索量最大、最能带来精准用户的关键词就是核心关键词。核心关键词与网站的内容息息相关，在确定网站的主要内容和主营方向后，SEO 人员就可以通过一些方法和工具选择出核心关键词。下面介绍 3 种选择核心关键词的方法。

- **自我分析**｜进行自我分析时，所有工作人员围绕网站的定位和目标人群进行分析和讨论，在讨论的过程中可以思考"我们的网站能够为用户解决什么问题""用户遇到这些问题时，会搜索哪些关键词""如果自己是用户，在寻找这些问题的答案时会怎样搜索"等问题。最终所有工作人员通过努力，列出至少 20 个关键词作为核心关键词的备选。

- **竞争对手分析**｜在确定网站的核心关键词时，可以在百度或其他搜索引擎中查询竞争对手的网站，然后通过查看网站首页源文件的方式来进行分析。这样可以快速了解竞争对手网站的核心关键词，为自身网站核心关键词的确定提供参考依据。图 6-2 所示为某装修公司网站首页的源代码，通过标题（title）、关键词（keywords）和描述（description）的内容就可以了解该网站的核心关键词。

```
<meta charset="utf-8">
<title>成都装修网 - 成都装修公司 - 业主口碑评价 - 装信通网</title>
<meta name="keywords" content="成都装修,成都装修公司,成都装修网,装信通网">
<meta name="description" content="成都装信通网作为知名的成都装修网面向成都本地业主提供:成都装
修公司报价、业主评价、装修案例和优化等信息,为广大用户提供省钱、省心、省时的成都装修服务!">
<meta http-equiv="X-UA-Compatible" content="IE=edge,chrome=1">
```

图 6-2｜某装修公司网站首页的源代码

- **利用搜索引擎的搜索下拉列表框和相关搜索**｜搜索引擎的搜索下拉列表框和相关搜索不仅可以用来分析用户需求，其中的关键词也可以作为网站核心关键词的参考。

2. 选择次要关键词

次要关键词是核心关键词的拓展词，其选择方法与选择核心关键词类似，如分析竞争对手网站、利用搜索引擎的相关搜索等，但也有其自己的特点，如使用不同的形式和组合方式进行拓展等。下面介绍 5 种次要关键词拓展的方法。

- **利用不同的形式和组合方式进行拓展**｜拓展一个关键词时，可以想象一下用户在搜索这一关键词时还可能使用怎样的形式，会不会有其他的表达方式或组合方式。如"搜索引擎优化"和"SEO"、"人工智能"和"AI"这些就是同一事物的不同表达方式。在一个网页中同时包含这几个关键词，不仅可以提高网页的相关性，还能使用户不管搜索其中哪个关键词都能访问到该网页。

- **利用思维导图进行拓展**｜在拓展关键词时，不能盲目地去查找关键词，而是要有一个整体的思路和清晰的方向，可以利用思维导图来进行拓展。图 6-3 所示为以"咖啡"关键词为核心，利用思维导图进行的拓展。

- **利用百度指数进行拓展**｜在百度指数的"相关性分类"栏目中可以查看与当前关键词相关的关键词。图 6-4 所示为百度指数中"人工智能"关键词的相关词。

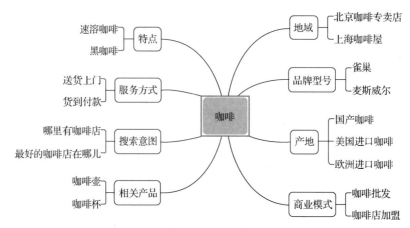

图 6-3｜利用思维导图进行拓展

图 6-4 │ 百度指数中"人工智能"关键词的相关词

- **利用站长工具的"关键词挖掘"工具进行拓展** │ 站长工具是站长之家网站旗下面向网站站长的网站优化工具。其中的"关键词挖掘"工具可以用来进行关键词拓展。图 6-5 所示为利用站长工具的"关键词挖掘"工具查询"人工智能"后的结果。

图 6-5 │ 利用站长工具的"关键词挖掘"工具进行拓展

- **利用爱站网的"关键词挖掘"工具进行拓展** │ 爱站网是继站长工具之后出现的新兴网站优化工具，不同于站长工具为全球网站提供服务，爱站网主要为中文站点提供服务。图 6-6 所示为利用爱站网的"关键词挖掘"工具查询"人工智能"后的结果。

图 6-6 │ 利用爱站网的"关键词挖掘"工具进行拓展

3．选择长尾关键词

长尾关键词是网站上的非核心关键词和非次要关键词，具有字数多、内容具体和含有疑

问词等特点。长尾关键词搜索次数通常比较低甚至为零，但极具有潜力。下面简要介绍长尾关键词的特点。

- **搜索量很小**｜与核心关键词相比，长尾关键词的搜索量非常小。有些词隔几天才会有一次搜索，甚至有的词隔几个月、半年、一年才有几次搜索。
- **由多个词组成**｜之所以称它为长尾关键词，就是因为关键词比较长，往往由 2～3 个词组成，有些还含有疑问词。
- **转化率高**｜长尾关键词比核心关键词和次要关键词的转化率更高。例如，"会计"和"成都会计培训学校"这两个关键词，搜索"成都会计培训学校"的用户要比搜索"会计"的用户成为客户的概率高很多。因为搜索"成都会计培训学校"的用户在找具体的服务，而搜索"会计"的用户想要找的信息则非常不明确。
- **词量大、总流量高**｜单个长尾关键词搜索量小，但长尾关键词总体数量是非常庞大的，其带来的总体流量也会更高。

长尾关键词的拓展方法与次要关键词的拓展方法相同，都可以利用关键词的不同形式和组合方式思维导图、百度指数、关键词挖掘工具等方法来进行拓展，但要注意挑选其中的长尾关键词。

📷 拓展案例

为"佳家美装饰网"选择关键词

"佳家美装饰网"是一家提供家装设计的网站，其业务涉及装修设计、房屋装修、装修建材、家居饰品等多个领域。为了使网站在搜索引擎中获得更好的排名，"佳家美"的SEO人员决定对网站的关键词进行优化，为此需要选择网站的核心关键词、次要关键词和长尾关键词。

首先，通过自我分析、分析竞争对手等方法选择网站的核心关键词。如下所示。

装修　家装　室内装修　家装设计

其次，利用关键词的不同形式和组合方式、思维导图、百度指数、关键词挖掘工具等方法对核心关键词进行拓展，最终选择网站的次要关键词。如下所示。

室内装修效果图　室内装修设计　家庭装修风格　别墅装修公司　装修门户
卧室装修效果图　旧房改造装修　室内装修材料　室内装修图片　新房装修
全屋家装设计　客厅装修　写字楼装修　二手房装修　装饰材料　……

最后，对核心关键词、次要关键词进行拓展，并从拓展的关键词中选择网站的长尾关键词。如下所示。

装修房子全包价格一般多少　　我国十大装修公司品牌　　整装装修都包含什么
装饰材料都包含哪些材料　　　装饰板材的种类和价格　　室内装修效果图大全
小户型室内装修设计　　　　　室内装修合同范本　　　　室内装修污染检测
小户型室内装修图片　　　　　室内装修污染治理　　　　……

▌6.2.4　关键词竞争度分析

有经验的 SEO 人员都明白这个道理：网站关键词优化非常重要，一个好的关键词能够给网站带来许多流量，但同时也意味着这个关键词的竞争度较大，优化难度也较高。因此，SEO 人员在选择关键词时还必须了解关键词的竞争度。那么，该如何分析关键词的竞争度呢？下面介绍3种常用的方法。

1．搜索结果数

搜索结果数指用户通过搜索引擎搜索某个关键词之后，在搜索结果页面中所显示的搜索结果数量。如在百度中搜索"液晶电视"关键词可以得到约 100 100 000 个结果，如图 6-7所示。

图 6-7｜搜索结果数

这个搜索结果数是搜索引擎经过计算，认为与所查询的关键词相关的所有结果数量，也就是参与这个关键词竞争的所有结果数。显然，搜索结果数越大，该关键词的竞争度也越大。搜索结果数与关键词竞争度大小的关系如下。

- **搜索结果数小于 10 万**｜说明该关键词的竞争度很小，可以轻松地获得很好的排名。权重高的域名上经过适当优化的内页也可以迅速获得较好的排名。
- **搜索结果数在 10 万～100 万（不含 100 万）**｜说明该关键词的优化有一定难度，需要一个质量和权重都不错的网站才能竞争到较好的排名。
- **搜索结果数在 100 万～1 000 万**｜说明该关键词为热门关键词，优化到前几位的可能性很低，需要坚持拓展内容，建立外部链接，并获得一定的权重才可能成功。
- **搜索结果数大于 1 000 万**｜这类关键词通常是行业通用名称，竞争非常激烈，只有大型网站、权重高的网站才能获得好的排名。

搜索的关键词可以加双引号，也可以不加双引号。双引号表示完全匹配，因此加双引号的搜索结果数通常比不加双引号的少，双引号实际上起到了精确缩小竞争页面范围的作用。当然，做比较时，要在相同方法之间比较，若不加双引号就都不加，要加就都加。

2．intitle 结果数

intitle 是搜索引擎的高级搜索指令，通过该指令可以获取网页标题中包含指定关键词的网页数量，即 intitle 结果数。intitle 结果数可以用来判断关键词的竞争度，intitle 结果数越大则竞争度越强。

例如，在百度中分别搜索"苏打饼干"和"intitle:苏打饼干"，返回的结果分别如图 6-8和图 6-9 所示。

图 6-8｜搜索"苏打饼干"返回的结果

图 6-9｜搜索"intitle：苏打饼干"返回的结果

从返回的搜索结果数可以很直观地看出，两次搜索返回的页面数量相差巨大，含有关键词"苏打饼干"的页面数量约为 52 700 000 个，而网页标题中包含关键词"苏打饼干"的页面数量则只有约 4 030 000 个。

由此可以看出，有大量的网站没有在网页标题中包含指定关键词，所以这部分网页很有可能只是在网页内容中偶尔提到该关键词，并没有针对该关键词进行优化，在进行关键词优化时可直接排除这部分关键词。这也说明，只有标题中出现指定关键词的网页才是真正的竞争对手。

3．搜索结果页面广告数

在搜索引擎中搜索某些关键词时，搜索结果页面中会包含一些广告，如图 6-10 所示。广告是一种付费推广方式，这也说明这些关键词能够帮助商家获得更大的利益，因而具有非常大的商业价值。

图 6-10｜搜索结果页面中的广告

通常，一个关键词广告越多，说明愿意为它付费的商家也就越多，因而其竞争度也就越大。关键词广告数量与竞争度对比具体如表 6-1 所示。

表 6-1｜关键词广告数量与竞争度对比

关键词广告数量	竞争度
$n=0$	小
$1 \leqslant n < 3$	较小
$3 \leqslant n < 6$	中等
$6 \leqslant n < 10$	大
$n \geqslant 10$	很大

6.2.5　关键词的布局

选好网站的核心关键词、次要关键词和长尾关键词后，SEO 人员还需要将这些关键词合理地布局在网站中。这样才能提高网站被搜索引擎检索和收录的概率，进而提高网站的排名。下面将讲解如何在网站中合理地布局关键词。

1．关键词的布局技巧

关键词的布局是有一定技巧的，这种技巧主要是根据关键词的不同重要级别来决定的。通常情况下，网站的关键词分布应该符合金字塔结构，根据网站关键词的权重，关键词分为塔尖、塔身和塔底 3 个部分，如图 6-11 所示。

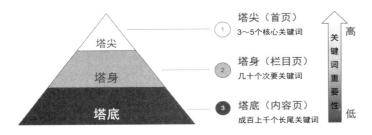

图 6-11｜网站关键词的金字塔结构分布

- **塔尖**｜塔尖用于放置网站的核心关键词，即流量大、转化率高以及和品牌相关的关键词，这些也是决定网站定位的主要关键词。在布局核心关键词时，通常是在网站首页放置 3~5 个核心关键词。
- **塔身**｜塔身用于放置次要关键词。通常情况下，次要关键词没有核心关键词的搜索量高，但是数量比核心关键词多，主要放置在网站的栏目页或频道页。
- **塔底**｜塔底用于放置长尾关键词，通常放置在网站的新闻、产品、文章以及帖子的内容页或详情页中。长尾关键词的流量和竞争度都比较低，但是数量众多，所以一般使用权重最低、数量最多的内页进行推广。

2. 对关键词进行布局

一个网站中的关键词可能有上百个甚至更多，在对网站进行优化时，不可能把所有的关键词都放在首页，而是需要将这些关键词合理地分布在整个网站上，均匀分布关键词，并避免关键词堆砌，这样才有利于增加网页收录量和浏览量。

- **在网页标题中布局关键词**｜在网页标题中布局关键词时，可以选择 3~5 个关键词，并按照重要性对关键词进行排列，将重要的关键词放在前面，不重要的关键词放在后面，最后再放置公司名称的简写，每个关键词之间用 "_" 或 "|" 等连接符隔开，总体长度控制在 30 个汉字以内，如图 6-12 所示。
- **在网页描述中布局关键词**｜在网页描述中布局关键词时，需要写一段概括整个网页内容的语句，其用语应该通顺而连贯，而不是简单地堆砌一堆关键词，并且应尽可能地把标题中的关键词融入其中。网页描述标点符号用英文半角，以节省位置，长度尽量控制在 80 个汉字以内，如图 6-13 所示。

`<title>重庆装修公司_重庆咨询设计_重庆家装装饰_重庆乐装网</title>`

图 6-12｜在网页标题中布局关键词

`<meta name="description" content="重庆乐装网是一家汇聚重庆装修公司、重庆装修设计、重庆装修报价的互联网装修平台,为广大业主提供重庆装修效果图、重庆装修材料、重庆家装、重庆京装、重庆装潢等资讯,致力于为广大用户提供省钱、省心、省时间的重庆装修服务!">`

图 6-13｜在网页描述中布局关键词

- **在网页关键词中布局关键词**｜目前，搜索引擎对网页关键词（keywords 标签）的关注度越来越小，且它对排名的影响不大，可不设置。如果要设置，只需把标题中的关键词放到 keywords 标签中即可。
- **在网站导航中布局关键词**｜网站导航用于引导用户访问其所需要的信息。导航在每个页面都会出现，其内容主要是各个栏目及子栏目的次要关键词名称，如图 6-14 所示。
- **在板块名称和文章标题中布局关键词**｜一个网站的页面会分为若干个板块，板块中也会显示若干文章的标题。SEO 人员可以在这些板块名称及文章标题中布局关键词。板块名称中主要布局次要关键词，文章标题中则主要布局长尾关键词，如图 6-15 所示。

图 6-14 | 在网站导航中布局关键词

图 6-15 | 在板块名称和文章标题中布局关键词

- **在文章内容中布局关键词** | 想要网站有一个较好的排名，SEO 人员一定要不断更新网站内容，定期发布一些新文章。在这些文章的标题和内容中可以布局很多关键词。

📖 经验之谈

文章的各级标题要使用<h>标签，因为<h>标签是标题标签，其权重比普通文本高。正文中的关键词可以通过加粗、改变颜色等方式突出显示。文章中的图片需添加描述文本，并在描述文本中输入关键词，如图 6-16 所示。

图 6-16 | 在文章内容中布局关键词

- **在底部的友情链接和版权信息中布局关键词｜**网站页面的底部通常都会设置友情链接及版权信息，这个位置也是布局关键词的绝佳位置，如图 6-17 所示。

图 6-17｜在底部的友情链接和版权信息中布局关键词

6.3　关键词的优化效果评估

关键词优化是网站 SEO 中非常重要的一环，关键词优化的效果将影响整个 SEO 的效果。所以在关键词优化后，SEO 人员需要对关键词的优化效果进行评估，判断其是否达到预期。关键词的优化效果主要通过关键词的质量度、搜索蜘蛛抓取量和关键词的排名 3 个指标来考量。

6.3.1　关键词的质量度

关键词的质量度是反映用户对参与推广的关键词以及关键词创意的认可程度。关键词的质量度评估主要是根据搜索引擎披露的信息和工具来定位关键词的质量状态，确定关键词是否需要优化。

质量度主要分为两种，分别是临时质量度和正式质量度。临时质量度指对新提交、新修改的关键词赋予的临时质量度。临时质量度是不稳定的，在积累一定数据后会变为正式质量度。

当关键词的质量度变为正式质量度后，SEO 人员就需要重点关注关键词的质量度得分和行业竞争空间。一般质量度得分越高，行业竞争空间就越小，优化难度也越大；相反，质量度得分越低，行业竞争空间越大，而优化难度也越小。SEO 人员在优化关键词时，需要结合关键词的质量度得分和行业竞争空间合理安排关键词的优化顺序，以较低的推广成本赢取更大的推广效益。

1. 在同一行业竞争空间中，优先优化质量度得分较低的关键词

假设有 A、B、C、D、E 和 F 这 6 个关键词，其质量度得分和行业竞争空间如表 6-2 所示。

表 6-2｜关键词的质量度得分和行业竞争空间

关键词	质量度得分	行业竞争空间
A	6	30%
B	9	10%
C	7	30%
D	8	20%
E	7	10%
F	5	30%

SEO 人员可以对表 6-2 中的所有关键词进行分组，将处于同一行业竞争空间中的关键词分为一组。具体分组排列情况如表 6-3 所示。

表 6-3 | 行业竞争空间分组排列

行业竞争空间	关键词	质量度得分
10%	B	9
	E	7
20%	D	8
30%	C	7
	A	6
	F	5

SEO 人员对同一行业竞争空间中的关键词进行优化，其优化标准为优先优化质量度得分较低的关键词。在第一组（10%行业竞争空间）中，E 关键词质量度得分低于 B 关键词，所以先优化 E 关键词。在第三组（30%行业竞争空间）中，C 关键词质量度得分最高，其次是 A 关键词，最后是 F 关键词，所以关键词优化的顺序依次是 F、A、C。

2. 在同一质量度得分中，优先优化行业竞争空间较大的关键词

SEO 人员可对表 6-2 中的所有关键词进行分组，将质量度得分相同的关键词分为一组。具体分组排列情况如表 6-4 所示。

表 6-4 | 质量度得分分组排列

质量度得分	关键词	行业竞争空间
9	B	10%
8	D	20%
7	C	30%
	E	10%
6	A	30%
5	F	30%

在同一质量度得分的情况下，关键词行业竞争空间大，说明其自身的竞争实力不足，需要先进行优化，以提升该关键词的竞争实力。因此，在第三组（质量度得分为 7 分）中，优先优化 C 关键词。

综上所述，关键词质量度的提升可以从行业竞争空间和质量度得分两个维度来进行。在行业竞争空间相同的前提下，优先选择质量度得分较低的关键词进行优化；在质量度得分相同的情况下，则优先选择行业竞争空间较大的关键词进行优化。

6.3.2 搜索蜘蛛抓取量

搜索蜘蛛抓取量指蜘蛛对网站访问过程抓取的记录数量。蜘蛛作为独立用户端，访问服务器都会留下痕迹。因此，SEO 人员需要对其进行分析，如果网站搜索蜘蛛抓取量增加，则说明网站优化取得了较明显的效果，一旦搜索蜘蛛抓取量减少，则更需要查找和分析原因，并及时进行优化。网站每天的搜索蜘蛛抓取量都必须有详细的记录，图 6-18 所示是某网站最近 7 天的搜索蜘蛛抓取量。

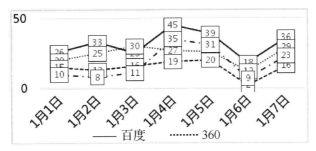

图 6-18 | 某网站最近 7 天的搜索蜘蛛抓取量

从图中可以很直观地看出：最近 7 天内，搜索蜘蛛的整体变化趋势较大，1 月 4 日各大搜索蜘蛛的抓取量达到或接近峰值；1 月 6 日抓取量呈现出直线下降趋势，达到谷值；1 月 7 日抓取量又开始回升。

由于搜索蜘蛛抓取量直接决定了网站的被检索和收录量，所以 SEO 人员需要统计搜索蜘蛛的抓取量，根据统计数据把握网站的平均水准，并且以此为参考标准，分析抓取量增长的原因，优化并且继续保持；当抓取量低于平均水平时，更需要分析原因，及时优化，以提高网站被搜索蜘蛛检索的概率。

6.3.3 关键词的排名

关键词的排名指某个关键词在搜索引擎中的排名，它是检测关键词优化效果最直接的指标，下面将讲解如何评估关键词的排名。

首先，SEO 人员需要通过百度统计等工具统计网站中各个关键词的展现量、点击量、点击率和排名等数据。统计完成后，在 Excel 中以关键词排名为参考，按照排名的升序进行排列，图 6-19 所示为某装修网站的关键词排名统计情况。

关键词	展现量	点击量	点击率	排名
装修预算	135	63	46.67%	15
装修报价明细	189	76	40.21%	16
装修公司 北京	53	12	22.64%	35
家装样板间	269	63	23.42%	56
装修设计	82	8	9.76%	69
出租型装修	49	3	6.12%	82
欧式家装	40	5	12.50%	94
卧室设计	79	15	18.99%	102
简约风格装修	68	4	5.88%	107
小户型装修	56	1	1.79%	438
室内装修	62	2	3.23%	501
客厅背景墙	64	2	3.13%	539
客厅装修	49	3	6.12%	569
精品整装	25	0	0.00%	781
家居彩装膜	35	0	0.00%	936

图 6-19 | 关键词排名统计情况

在分析关键词优化效果时，SEO 人员需要重点关注以下 3 类关键词。

- **排名比较靠前且点击率较高的关键词** | 如"装修预算""装修报价明细""装修公司 北京"和"家装样板间"，这类关键词通常是网站的核心关键词，需要重点关注和优化。

- **点击率不高但排名靠前的关键词**｜如"装修设计"，这类关键词往往因为权重较高而能够获得比较靠前的排名，SEO 人员也应该重点关注。

- **点击率和排名都比较靠后的关键词**｜如"精品整装""家居彩装膜"，这类关键词需要尽快替换。

此外，关键词的排名还会受时间的影响。在不同的时间段中，用户的需求不同，同一关键词的搜索指数也会不同。

例如，某教育培训网站的 SEO 人员在百度指数中查看关键词"开学季"2022 年 12 月 7 日至 2023 年 6 月 4 日的搜索指数，如图 6-20 所示。

从"开学季"关键词的搜索指数可以很直观地看出：2022 年 12 月 7 日至 2023 年 1 月 26 日该关键词的搜索指数较低且波动不大，说明用户的需求在该时间段内相对平稳；从 1 月 26 日开始搜索指数迅速上升，并于 2023 年 2 月 6 日达到峰值，随后搜索指数开始波动下降并逐渐趋于平缓。在短时间内，关键词的搜索指数的上升很多，说明这段时间内的用户需求较大，此时，SEO 人员需要加大该关键词的优化力度，以抢占市场先机。

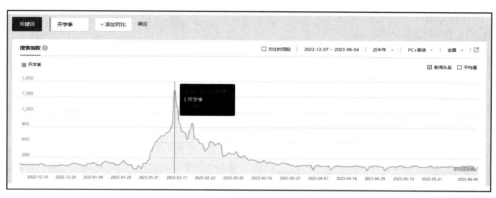

图 6-20｜关键词"开学季"的搜索指数

6.4　本章实训

6.4.1　实训背景

"名鞋柜"是一家专业的运动鞋电商网站，提供了各种品牌运动鞋、休闲鞋、户外鞋等的展示和购买服务。该网站的目标是让用户通过网站找到适合自己的鞋子。然而，网站的访问量不佳，因此为了让顾客更快地发现和了解该网站，需要对该网站的关键词进行优化，以在百度等搜索引擎中获得更好的排名和更多的流量。

- 熟悉关键词的不同分类，能够根据实际工作需要选择合适的关键词进行优化，培养对关键词的优化能力和操作能力。
- 具备一定的分析能力和判断能力，能够合理地判断网站中需要进行何种类型的优化。

6.4.2　实训要求

（1）选择"名鞋柜"网站的核心关键词。

（2）选择"名鞋柜"网站的次要关键词

（3）选择"名鞋柜"网站的长尾关键词。

6.4.3 实训步骤

本实训的主要操作如下。

（1）通过自己对运动鞋的了解以及网站的定位，以"运动鞋"为核心，制作思维导图，如图 6-21 所示。

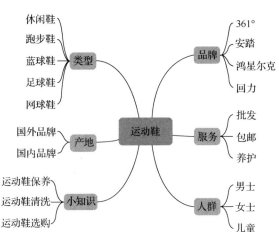

图 6-21 | 思维导图

（2）在百度的搜索文本框中输入"运动鞋"关键词，在弹出的下拉列表框中查看相关的关键词，如图 6-22 所示。

图 6-22 | 搜索引擎下拉列表框

（3）单击 百度一下 按钮进行搜索，在搜索结果下方的"相关搜索"栏目中查看相关的关键词，如图 6-23 所示。

图 6-23 | 搜索引擎相关搜索

（4）在搜索结果中单击某个超链接打开该网页，在其中查看可用的关键词，主要查看导航栏中各个栏目的名称、各个板块的标题名称等，如图 6-24 所示。

图 6-24 | 查看网页中的关键词

（5）在空白位置单击鼠标右键，在弹出的快捷菜单中选择"查看源代码"命令，查看网页的源代码，在 title、keywords、description 中查看相关的关键词，如图 6-25 所示。

```
<title>运动鞋品牌-运动鞋十大品牌-运动鞋什么牌子好-十大品牌网</title>
<meta name="keywords" content="中国运动鞋品牌排行榜,运动鞋哪个牌子好穿,十大品牌运动鞋,十大运动鞋品牌排行榜,十大名牌运动鞋品牌">
<meta name="description" content="十大品牌网CNPP重磅推出2023运动鞋十大品牌排行榜,为运动鞋品牌提供展示自身实力的平台,通过品牌榜单
告诉消费者运动鞋什么牌子好,运动鞋有哪些品牌出名。运动鞋品牌榜单由品牌研究部门收集几十项品牌大数据研究分析、结合大数据计算得出,是你选择
运动鞋牌子的参考网站。">
```

图 6-25 | 查看网页源代码

（6）打开排名第 2～5 的网页，在其页面和源代码中查找所需的关键词。

（7）在爱站网中打开"SEO 查询"下的"关键词挖掘"工具，在其中输入关键词"运动鞋"，单击"查询"按钮，在查询结果中查询所需要的关键词，如图 6-26 所示。

关键词挖掘	长尾词	相关词	下拉词	需求词
运动鞋				查询

相关词推荐	指数	下拉词推荐	指数	需求词推荐	指数
▓▓▓▓▓▓	3,964	运动品牌	980	鞋子	1,214
▓▓▓▓▓▓	3,268	运动鞋品牌	613	鞋	1,101
▓▓▓▓	2,000	运动鞋图片	195	油鞋	957
▓▓▓▓	1,815	运动鞋品牌排行榜	146	老爹鞋	830
品牌	1,506	运动鞋排名前十名	141	▓▓官网正品专卖店	733
高跟鞋	1,421	运动鞋女	129	劳保鞋	682

图 6-26 | 关键词挖掘

（8）从步骤（1）的思维导图中挑选其他关键词，然后重复步骤（2）至步骤（7），最后整理得到的关键词，确定出核心关键词、次要关键词和长尾关键词，如表 6-5 所示。

表 6-5 | 关键词表统计表（部分）

关键词类型	关键词
核心关键词	运动鞋、跑步鞋、篮球鞋、足球鞋、休闲鞋
次要关键词	361°运动鞋、安踏运动鞋、鸿星尔克运动鞋、男士运动鞋、女士运动鞋、儿童运动鞋、运动鞋品牌、网购运动鞋、运动鞋专卖网、运动鞋品牌推荐、运动鞋优惠活动……

续表

关键词类型	关键词
长尾关键词	运动鞋排名前十名、透气的户外鞋、运动鞋免费代理、运动鞋哪个品牌好、运动鞋品牌排名、正品运动鞋批发、款式新颖的女士休闲鞋、卖正品运动鞋的网站、运动鞋如何除臭、吸汗舒适的男士运动鞋、价格实惠的儿童运动鞋哪个品牌好……

职业素养

SEO 不仅是为了提高网站排名，更重要的是为客户带来更好的体验。因此，SEO 人员需要具备良好的客户服务意识，并能够在不断优化网站的过程中，提供高质量的服务和建议。

6.5 课后练习

一、填空题

1. 关键词源于英文单词"_____"。在 SEO 领域，关键词是指为方便用户通过_____搜索到本网站而设定的词汇。

2. 关键词按热度进行分类可以分为_____、_____和_____，按重要程度进行分类，可以分为_____、_____和_____。

3. 关键词的热度主要指关键词近期的_____。一般来说，关键词搜索量越大，热度越_____；反之，则热度越_____。

二、单项选择题

1. 下列选项中，关于核心关键词特点的描述，错误的是（   ）。
   A. 核心关键词一般作为网站首页的标题
   B. 核心关键词在搜索引擎中每日都有稳定的搜索量
   C. 核心关键词一般由 5～6 个字或词组成
   D. 网站的内容围绕核心关键词展开

2. 下列选项中，对长尾关键词特点的描述错误的是（   ）。
   A. 搜索量小　　　　　　B. 竞争度小
   C. 转化率高　　　　　　D. 搜索频率很稳定

3. 关键词按重要程度可以分为核心关键词、次要关键词和（   ）3 类。
   A. 长尾关键词　　　　　B. 普通关键词
   C. 热门关键词　　　　　D. 冷门关键词

4. 关键词的热度主要是指关键词近期的（   ）。
   A. 总访问量　　　B. 总搜索量　　　C. 总收录量　　　D. 总广告数

三、判断题

1. 长尾关键词一般由多个词组合而成。（   ）

2. 选择网站关键词时，可以使用一些与网站关键词无关的热门关键词，从而为网站带来流量和转化。（   ）

3. 热门关键词指近期内搜索量较大的关键词，很容易获得较高的排名。　　（　　）

4. 网站通过优化普通关键词也能够获得大量的流量。　　（　　）

四、简答题

1. 简述影响关键词优化的因素。

2. 简述关键词的选择原则。

五、操作题

1. 利用网站中的关键词挖掘工具挖掘与"空调"有关的关键词。

2. 利用思维导图对"冰箱"关键词进行拓展。

第7章 网站内容优化

本章导读

　　如果一个网站的内容和其他网站的内容高度重合，则很难留住用户。相反，如果一个网站的内容是独特的、有价值的，能切实满足用户某方面的需求，该网站往往就能获得用户的支持和信任。而搜索引擎也希望搜索出来的结果能够切实满足用户的需求，所以内容质量高的网站也更受搜索引擎的青睐，从而获得更高的排名。因此，网站内容优化也是至关重要的。

学习目标

| 了解 SEO 指导下的网站内容建设
| 掌握网站内容标题的撰写方法
| 掌握网站内容正文的撰写方法
| 能够利用 AI 创建原创内容
| 能够检测文章的原创度
| 培养独立思考和创新的能力
| 培养一丝不苟、认真负责的工作态度

 7.1　SEO 指导下的网站内容建设

SEO 的目的是通过提高网站在搜索引擎中的排名，为网站带来更多的流量，但搜索引擎没有任何义务将一个网站排在靠前的位置。搜索引擎的服务对象是用户，为用户尽可能地提供有价值的内容，才是搜索引擎的最终目的。因此，网站内容建设应该充分遵循 SEO 的这个目的。

7.1.1　网站内容建设的注意事项

要使一个网站从众多网站中脱颖而出，同时在搜索引擎中获得较高的排名，需要网站提供有价值的、差异化的内容。这也是网站生存、发展的基本要求。为了实现这个目标，网站内容建设需要注意以下 4 点。

- **要有高质量的内容**｜网站内容多并不是重点，重点是高质量的内容占比是多少。网站内容一般要提供对用户有帮助的、可以全部或部分解决用户问题的高质量内容。
- **对用户有价值**｜网站内容建设要以"价值"为出发点，对用户无价值的网站内容同样对搜索引擎没有吸引力。
- **以原创为主**｜网站内容建设应以原创为主，"转载"适合大网站，新网站、小网站最好不要转载。
- **题文相符**｜网站内容建设要遵循题文相符的原则，文章标题和内容要一致。特别是百度推广飓风算法以后，对于文不对题的网站会有相应的惩罚措施。

7.1.2　寻找灵感和素材的常用方法

创作优质的网站文章，需要不断寻找新的灵感和素材来源，并结合自己的专业知识和技能进行创作。下面介绍几种寻找灵感和素材的常用方法。

- **分析热点事件**｜分析最近一段时间的热点事件，将热点与网站内容联系起来，发表自己独特的观点和评论，这样才能使文章脱颖而出。
- **挖掘论坛精华**｜论坛是一个互动性较强的交流场所，很多人喜欢在论坛中提问或分享自己的经历、经验和观点等。论坛里的热门帖子和精华帖子可以作为撰写原创内容的素材来源，通过分析这些帖子，SEO 人员可以寻找到用户感兴趣的内容，然后加以规范和整合。在文章开头写一些引导性的内容，在文章结尾写一段总结性的内容或自己的观点和看法，即可完成原创性的文章创作。
- **使用问答平台**｜互联网时代人们遇到问题后，第一时间会去问答平台（如知乎、百度知道等）中提问或寻找答案。问答平台中的问题包罗万象，通过分析这些问题，SEO 人员可以了解用户有哪些问题、哪些问题还没有解决以及哪些答案还不完整等。SEO 人员可以就此撰写一些解决这些问题的文章，这些文章一般是网络中较稀缺的内容。
- **竞争对手分析**｜分析竞争对手网站的内容和话题，这些内容和话题可以作为写作网站文章的素材。
- **行业报告和数据**｜研究最近的行业报告、调研报告和各类数据报告，从中可以获取更加权威和翔实的信息，这样写作出来的网站文章才能更加真实可信。
- **用户调研**｜开展用户调研和访谈，找到用户最感兴趣和最想了解的内容，然后依据这些内容写作网站文章。

7.2 网站内容标题的撰写

对网站内容来说，标题无疑是非常重要的，它起着概括内容、吸引用户、引导用户行为等重要作用。标题编写是否有吸引力是影响用户是否浏览的最直接原因。下面介绍 5 种不同类型的标题。

7.2.1 直言式标题

直言式标题就是不玩文字游戏，直接点名文章主要内容的标题。这种标题常开门见山，直接给出最重要的信息，让用户一看标题就知道内容的主题是什么。某些折扣促销活动页面、产品上新页面就常用这种标题。

> 麦德龙冬季进口葡萄酒节，好礼相送！
> "双十一"优惠大放送　呢子大衣买二送一！

7.2.2 提问式标题

提问式标题用提问的方式来引起用户的注意，引导用户思考问题，加深用户对网页内容的印象，让用户想要读完全文一探究竟。但要注意，问题应从用户关心的利益点出发，这样才能引起他们的兴趣，否则就很可能会让他们产生"关我什么事""与我无关"的想法。提问式标题可以通过反问、设问或疑问来表达主题。

> 你的手机经得起热量测试吗？
> 冬天怎么穿衣服才可以不臃肿又时尚？
> 如何在朋友圈晒一顿高品位艺术美食？

7.2.3 数字式标题

数字式标题指在标题中加入有分量的数据，以让用户产生"权威性"和"信服感"。善用具体或特定的数字来突出标题，可能有意想不到的效果。

> 4000 元你会买哪个？LG G4 对比 HTC M9 评测
> 7 万元经济省油手动挡车型导购

7.2.4 夸张式标题

采用夸张手法撰写标题可以达到快速吸引用户眼球的效果，但要掌握好夸张的分寸，如果过度夸张，可能适得其反。很多推广网络营销产品的网页会采用夸张的标题。

> 你绝对不想错过的巧克力蛋糕
> 这种神奇的锅能让你在短短十分钟内变成大厨
> 你不敢相信的惊人事实：这个小技巧让你变得年轻

7.3 网站内容正文的撰写

绝大多数用户浏览网页时，会扫描式地快速浏览完整个网页，当发现有自己感兴趣的、需要的或有用的信息后，才会停下来仔细阅读。针对这样的浏览方式，在撰写网站内容的正

文时，应尽可能地采用清晰明了的排版方式，以引起用户的阅读兴趣。

7.3.1 段落要简短

通过计算机浏览网页，眼睛很容易疲劳。网页中如果段落有大段文字（见图 7-1），就很容易让用户产生厌倦感，从而停止阅读，关闭网页。

> 开发新产品是件特别不容易的事，从观念到产品的成型，每一步都非常困难，要投入时间、精力和资金。但是评价产品成功的唯一标准就是产品上线后有多少用户认可。用户是苛刻的。用户不会关心你付出了多少，熬没熬夜，有多少梦想。用户只看结果。在这个意义上，众筹是一个特别神奇的法宝。它能拉近用户与项目方的关系。最有好奇心的用户可以帮助项目方验证产品，为项目方理解市场提供最初的宝贵信息。反过来，这批用户可以比别人优先体验到市场上尚未出现的新奇产品。××众筹 4 年来积累了一大批有好奇心的超级产品粉丝级用户，也因此获得了真正有梦想的项目方认可。现在我们想再进一步，为用户和项目方提供一次平等交流的机会，一个对话和博弈共生的平台。这就是线上评审会。请允许我们自豪地说，这个线上评审会是我们原创的，全球独一无二的。

图 7-1｜有大段文字的段落

因此，网站内容的段落要简短，一般两三句话即可。这样的排版方式才比较合理，不会让用户产生厌倦感，如图 7-2 所示。

> 开发新产品是件特别不容易的事，从观念到产品的成型，每一步都非常困难，要投入时间、精力和资金。但是评价产品成功的唯一标准就是产品上线后有多少用户认可。
>
> 用户是苛刻的。用户不会关心你付出了多少，熬没熬夜，有多少梦想。用户只看结果。在这个意义上，众筹是一个特别神奇的法宝。它能拉近用户与项目方的关系。最有好奇心的用户可以帮助项目方验证产品，为项目方理解市场提供最初的宝贵信息。反过来，这批用户可以比别人优先体验到市场上尚未出现的新奇产品。
>
> ××众筹 4 年来积累了一大批有好奇心的超级产品粉丝级用户，也因此获得了真正有梦想的项目方认可。
>
> 现在我们想再进一步，为用户和项目方提供一次平等交流的机会，一个对话和博弈共生的平台。这就是线上评审会。请允许我们自豪地说，这个线上评审会是我们原创的，全球独一无二的。

图 7-2｜简短的段落

7.3.2 多用小标题

前面提到，用户浏览网页的速度非常快，如果一个内容较多的网页使用毫无起伏的方式进行叙述，用户就很难把握其中的要点，无法获得自己需要的内容，从而退出网页。无小标题的网页内容如图 7-3 所示。

> 线上评审会是××众筹的一个评审机制。项目方通过图文、PPT 和直播的形式向线上评审会的评审官介绍产品，评审官向项目方提问，项目方回应。最后由评审官投票，决定项目是否通过。投票采用多数制，即少数服从多数。每个评审官拥有一张选票。通过的项目在"票选好物"专区呈现。
> 目前××众筹平台有数百名线上评审官，评审官多为科技产品资深用户。
> 我们希望在××众筹平台建立项目方与用户直接对话的机制，且保证结果的平等、公正。项目方的新产品在正式上市前，能够通过这种形式收集到用户的需求与评价。评审官也能够通过这种形式监督和筛选出对广大用户有价值的产品。
> 我们相信，线上评审模式能体现众筹的核心价值。
> 请关注我们的订阅号"××众筹"，我们会持续更新线上评审会的消息，也会招募新的评审官。

图 7-3｜无小标题的网页内容

这时，就可以使用小标题、加粗等方式将要点提炼出来，以区别要点和普通正文。这样，用户就能第一时间抓住这些要点，如果用户对要点、小标题有兴趣，自然就会阅读下面的内容，如图 7-4 所示。

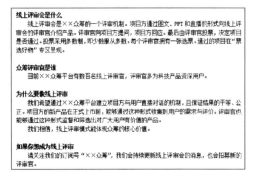

图 7-4 | 使用小标题的网页内容

7.3.3 使用数字增加说服力

在网页内容中使用数字，可以给用户更明确的信息，增强说服力。使用翔实的数字、数据可以让用户认为这个效果是真实的、是经过测试的，如图 7-5 所示。相反，笼统的介绍往往会让人不明真相。

此外还有一些朋友并不是特别了解暗影精灵5这块电竞屏。虽然目前市面上搭载144Hz电竞屏的游戏本比比皆是，但还有一项重要的参数影响着玩家，那就是响应时间。暗影精灵5这块144Hz电竞屏的响应时间为7ms，该参数在IPS屏幕中已属于非常不错，完全可以满足绝大多数玩家的需求。此外，实测暗影精灵5的屏幕色域覆盖97% sRGB，最高亮度337cd/m² 屏幕素质也非常出彩。

暗影精灵5还采用了窄边框设计，两侧边框宽度只有4.99mm，屏占比高达80%，视野更加开阔，游戏沉浸感更好。暗影精灵5的电竞屏放在目前主流电竞游戏本市场中，综合素质属于中等偏上水平。

图 7-5 | 使用数字增强说服力

7.3.4 善用富媒体

富媒体（Rich Media）指具有文字、图片、动画、声音、视频或交互的信息传播方式。在网页内容中适当加入富媒体，不仅可以使网页更生动美观，还可以让用户更直观地了解相关的信息。

如推广产品的网页，在其中加入产品外观图片、介绍产品性能的图表、产品使用方法的动画或视频等富媒体，就能使用户快速通过这些内容了解该产品的外观、性能和使用方法。图 7-6 所示的介绍某触控投影仪的网页中，嵌入的视频就是对相关文字的诠释。

图 7-6 | 网页中嵌入的视频

7.3.5 创建原创内容

在 SEO 中，原创内容不一定是全新创作的内容，只要网站上发表的内容搜索引擎没有收录过，对于搜索引擎来说就是原创内容。原创内容不仅可以提高搜索引擎对网站的收录率，提高其他网站转载和做外部链接的概率，还会给用户留下好印象，为网站带来用户好感度与忠诚度。

1. 原创内容的作用

原创内容对于 SEO 非常重要，其作用主要包括以下 4 个方面。

- **提高网站排名** | 搜索引擎的目标是为用户提供最相关的和最有用的信息，因此它们倾向于将原创内容视为更具权威性和可靠性的来源。因此，原创内容能在搜索引擎结果页面上获得更高的排名。
- **提高网站收录率** | 对于搜索引擎来说，原创内容是数据库未收录的新内容，因此会更容易被收录。一个网站长期坚持发表原创内容，网站的收录率就会持续提高。
- **增加网站流量** | 当用户在搜索引擎上搜索相关内容时，通常只会点击排名较高的结果。原创内容的排名一般都较高，被用户点击的概率就更大，所以网站就能获得更多的流量。
- **增加外部链接** | 如果网站的原创内容非常有价值，就会受到用户的喜爱，用户就有可能在社交媒体上分享该内容，分享的内容都会带有指向原网站的链接，从而增加了原网站的外部链接。

2. 伪原创

伪原创是指对其他网站中的内容进行一些简单的改动或修改，以使其看起来像是原创内容，但实际上仍然包含原网站的大部分内容和结构。伪原创曾经是非常常用的 SEO 方法，然而，搜索引擎已经变得越来越智能，可以识别出伪原创内容，并将其视为低质量、不可信的内容。

3. 检测文章的原创度

创作原创文章是比较困难的，特别是知识类的文章，不可避免会参考网上的其他文章，为了减少自己的文章和网上的其他文章的重复度，可以使用原创度检测工具检测文章的原创度，并对重复的内容进行修改。

拓展案例

检测文章的原创度

使用原创度检测工具检测文章的原创度，具体操作如下。

（1）在站长工具网中单击"更多"下的"原创度检测"超链接，打开"原创度检测"页面。

（2）在"原文内容"文本框中输入要检测的文章内容，然后单击 按钮开始检测，如图 7-7 所示。

（3）检测完成后在"检测结果"栏中将列出重复度较高的语句，如图 7-8 所示。

扫一扫

微课视频

图 7-7 | 原创度检测

图 7-8 | 检测结果

（4）对重复度较高的语句进行修改，然后再次进行检测，直到重复度较高的语句数量为 0 为止。

7.3.6　让用户创建内容

在网络中，许多用户有强烈的写作交流欲望，这时就可以让用户参与到网站的内容建设中。这种方法如果运用得当，就可以为网站添加源源不断的高质量内容。下面是一些让用户创建内容的方法。

- **社交媒体** | 建立社交媒体页面，让用户发布文章、分享内容、上传图片和视频等，以互动和分享为主要目的，增加用户的参与度。
- **用户评论** | 在网站上设置用户评论区，允许用户在文章下方发表评论，以便用户交流、分享和提供反馈。
- **用户评价** | 允许用户对产品、服务、其他体验进行评价，以便其他用户参考。
- **竞赛和活动** | 举办竞赛和活动，鼓励用户提交创意和内容，例如用户创作歌曲、设计标志或上传照片等。
- **用户问答** | 创建用户问答板块，允许用户提出问题并让其他用户回答。

7.3.7　利用 AI 创建原创内容

随着 AI（人工智能）技术的不断发展，互联网上涌现了许多提供文章写作功能的 AI 产品。例如，百度的文心一言，它是知识增强大语言模型，能与人对话互动，回答问题，协助创作，高效便捷地帮助人们获取信息、知识和灵感。

在写作方面，文心一言可以快速地生成长篇文本，并可以根据用户的需求和反馈对文本进行调整和改进，并且还能根据用户的需求和反馈不断进行自我学习和优化，为用户提供更符合其需求的内容。

拓展案例

使用文心一言撰写原创文章

使用文心一言撰写一篇关于"选购强化木地板"的文章，并画一幅工人正在装修房屋的图，具体操作如下。

（1）注册并登录文心一言，在页面下方的文本框中输入"写一篇关于'选购强化木地板'的文章，需要有具体的案例和数据。"指令，然后单击"生成"按钮 ，如图7-9所示。

图 7-9 | 输入指令

（2）稍等片刻，文心一言将显示生成好的文章，如图7-10所示。

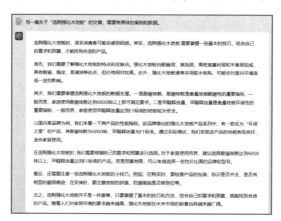

图 7-10 | 生成文章

（3）在页面下方的文本框中输入"画一幅工人正在装修房屋的图片。"指令，然后单击"生成"按钮 ，如图7-11所示。

图 7-11 | 输入指令

（4）稍等片刻，文心一言将生成符合要求的图片，如图7-12所示。

图 7-12 | 生成图片

7.4 网站内容的更新

无论是用户还是搜索引擎，都不可能对一个长期不更新的网站产生兴趣，所以内容的持续更新是网站生存与发展的基本条件。

7.4.1 网站内容更新的频率

网站内容更新要有持续性和规律性。有规律地更新优质内容会加速搜索引擎对网页的收录。

内容更新的频率代表着网站的活跃度，同时，内容更新的频率越高，往往也意味着网站内容更丰富，能够吸引更多的用户。对于大多数网站来说，SEO 人员的精力是有限的，不可能每天都更新很多内容，一般每天发布 1～2 篇文章即可。切记不要隔半个月或者一个月才更新一次，并且一次更新很多内容，这样对 SEO 没好处。

另外，不要直接转载其他网站中的文章，否则会降低网站的质量，而且有些文章中还含有超链接，会增加网站的导出链接，降低搜索引擎的收录量。

7.4.2 使用网站后台更新网站内容

现在的网站常使用 CMS 系统制作和管理，SEO 人员要熟练掌握使用 CMS 系统的网站后台更新网站内容的方法。CMS 系统的种类较多，下面以帝国 CMS 为例进行讲解。

1. 管理栏目

每个网站都有很多的栏目，要对网站中的栏目进行管理，可以在帝国 CMS 后台的"管理栏目"界面中进行设置，如图 7-13 所示。

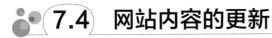

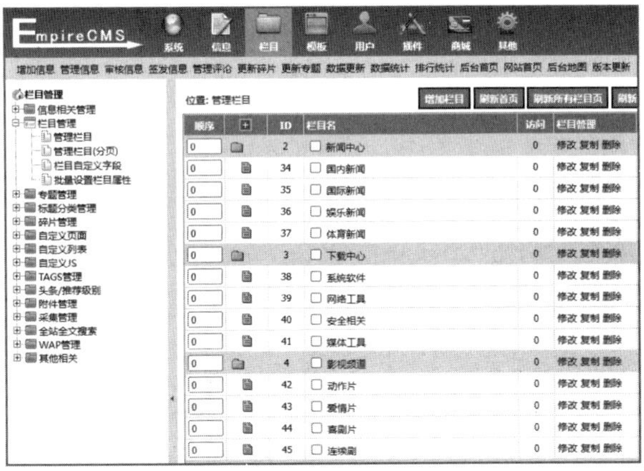

图 7-13 | "管理栏目"界面

在新安装的帝国 CMS 中有很多默认的栏目，以供用户学习使用时进行参考。但在实际制作网站时，这些栏目并不合适，用户可以根据实际情况修改、复制、删除或增加栏目。

要修改、复制或删除栏目，只需单击相应栏目后的"修改""复制"或"删除"超链接。而要增加一个栏目，则需要单击 增加栏目 按钮，在打开的"增加栏目"界面中进行设置，如图 7-14 所示。

SEO 搜索引擎优化：基础、案例与实战（微课版 第3版）

图 7-14 | "增加栏目"界面

2．增加信息

在帝国 CMS 后台可通过"增加信息"界面实现网站内容的发布和更新。在进入"增加信息"界面时，会首先让用户选择要增加信息的终极栏目，如图 7-15 所示。

在打开的界面（见图 7-16）中设置信息的具体内容，完成后单击"增加信息"后的 提交 按钮即可生成相应的网页文件。

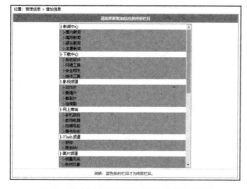

图 7-15 | 选择要增加信息的终极栏目

图 7-16 | "增加信息"界面

需要注意的是，此时在当前栏目页、父栏目页与首页中并不会显示该信息的标题，还需要单击"刷新当前栏目、父栏目与首页"下拉列表框后的"提交"按钮，刷新页面后才能显示。

128

7.5　本章实训

7.5.1　实训背景

帝国 CMS 是一个经过完善设计的适用于多种操作系统的网站管理系统，其功能强大，能够为 SEO 人员提供快速优化网站的各种方案，是 SEO 人员需要掌握的一款工具。本次实训将练习使用帝国 CMS 进行网站栏目管理和文章发布，这些技能对于想要从事网站开发、设计或维护工作的人员来说是非常重要的。

- 掌握使用帝国 CMS 进行网站栏目管理和文章发布的方法，提高对网站优化管理的实操能力。
- 在操作过程中，要认真、细致地完成每个环节，并确保操作的准确性，养成严谨的工作态度，培养良好的工作习惯和职业素养。

7.5.2　实训要求

（1）删除"FLASH 频道"栏目，增加"评测中心"栏目及其 3 个子栏目"手机评测""计算机评测"和"其他数码产品评测"。

（2）在"手机评测"栏目中发布一篇文章。

扫一扫

微课视频

7.5.3　实训步骤

（1）进入帝国 CMS 后台的主界面，在"快捷菜单"栏中单击"管理栏目"超链接，如图 7-17 所示。

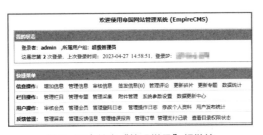

图 7-17 | 单击"管理栏目"超链接

（2）单击"FLASH 频道"后的"删除"超链接，在打开的提示对话框中单击████按钮，删除"FLASH 频道"栏目，如图 7-18 所示。

图 7-18 | 删除"FLASH 频道"栏目

（3）单击 增加栏目 按钮，如图 7-19 所示。

（4）在打开的"增加栏目"界面中设置"栏目名称"为"评测中心"，单击 生成拼音目录 按钮，自动生成该栏目的目录，设置"所属父栏目"为"根栏目"、"绑定的系统模型"为"文章系统模型"，然后单击 提交 按钮增加"评测中心"栏目，如图 7-20 所示。

图 7-19 | 单击"增加栏目"按钮

图 7-20 | 增加"评测中心"栏目

（5）返回"增加栏目"界面，设置栏目名称为"手机评测"并生成拼音目录，设置"所属父栏目"为"评测中心"、"是否终极栏目"为"是"、"绑定的系统模型"为"文章系统模型"，如图 7-21 所示。

图 7-21 | 增加"手机评测"栏目

（6）单击"模板选项"选项卡，设置"所属列表模板"中静态和动态均为"默认文章列表模板"，"所属内容模板"为"默认文章内容模板"，单击 提交 按钮，增加"手机评测"栏目，如图 7-22 所示。

图 7-22｜设置模板选项

（7）使用相同方法在"评测中心"栏目下再增加"计算机评测"和"其他数码产品评测"子栏目。

（8）单击导航栏中的 增加信息 按钮，在打开的界面中选择要增加信息的终极栏目，这里选择"手机评测"栏目，如图 7-23 所示。

图 7-23｜选择"手机评测"栏目

（9）打开"增加信息"界面，在"基本信息"选项卡中设置"标题"为"小米 13 评测"、"推荐"为"一级推荐"、"头条"为"一级头条"、"关键词"为"小米手机,小米 13"、"内容简介"为"小米 13 系列手机评测"，如图 7-24 所示。

图 7-24｜设置基本信息

（10）在"新闻正文"栏中设置信息的正文，然后单击 提交 按钮，发布文章内容，如图 7-25 所示。

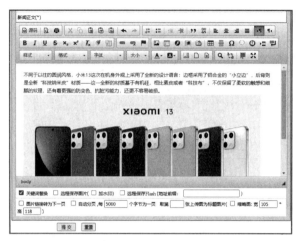

图 7-25 | 设置正文内容

（11）单击"刷新当前栏目、父栏目与首页"下拉列表框后的 提交 按钮，刷新当前栏目页、父栏目页与首页，然后单击"预览栏目"超链接，如图 7-26 所示。

图 7-26 | 刷新页面并单击"预览栏目"超链接

（12）打开"手机评测"栏目页，如图 7-27 所示，单击"小米 13 评测"超链接，在打开的页面中即可看到发布的内容，如图 7-28 所示。

图 7-27 | "手机评测"栏目页

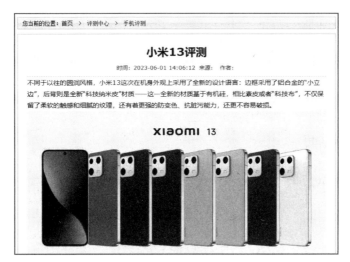

图 7-28 | 文章内容

职业素养

> 高度重复且无新意的内容对用户来说毫无意义，所以 SEO 人员在优化网站时不应过多使用伪原创，而应该撰写更有价值的高质量原创内容。

7.6 课后练习

一、填空题

1. 在撰写网站内容之前，SEO 人员需要先寻找灵感和素材，常用的方法有_____、_____、_____、_____和_____等。

2. 对于大多数网站来说，一般每天发布_____篇文章即可。

3. 富媒体指具有_____、_____、_____、_____、_____或_____的信息传播方式。

二、单项选择题

1. 下列关于网站内容建设的说法，错误的是（　　　　）。
   A. 网站内容建设应以原创为主
   B. 网站内容建设要以"价值"为出发点
   C. 网站内容建设要遵循题文相符的原则
   D. 所有内容一定要全部原创

2. 下列关于正文撰写的说法，错误的是（　　　　）。
   A. 在编辑正文时，应尽量采用简短的段落
   B. 在编辑正文时，要多使用小标题，以区别要点和普通正文
   C. 在正文中可以使用数字，以增强说服力
   D. 富媒体会增加网页的大小，要尽量少用

三、判断题

1. 网站内容建设应以原创为主，新网站、小网站最好不要转载。　　　　　（　　　）

2. 在 SEO 中，原创内容不一定是全新创作的内容，只要网站上发表的内容搜索引擎没有收录过，对于搜索引擎来说就是原创内容。 （　　）

四、简答题

1. 简述网站内容标题的类型。

2. 简述撰写网站内容正文的注意事项。

3. 原创内容对于 SEO 的作用主要有哪些？

五、操作题

使用文心一言等 AI 创作工具，创作一篇关于数码产品选购的原创文章。

第 8 章　常用 SEO 工具

本章导读

在大数据盛行的今天，SEO 人员不能凭借主观意愿对网站进行优化，而要借助各种 SEO 工具，在对网站的基本信息、流量、权重和排名等数据的分析基础上进行优化。常用的 SEO 工具包括 SEO 综合查询工具、百度统计和百度指数等。SEO 人员需要熟练掌握这些工具的使用方法。

学习目标

| 掌握 SEO 综合查询工具的使用方法
| 掌握百度统计的使用方法
| 掌握百度指数的使用方法
| 能够熟练使用常见的 SEO 工具进行关键词研究
| 能够利用工具进行竞争对手分析
| 培养对数据的敏感性和分析能力，能够准确理解和解读 SEO 工具提供的数据
| 培养持续学习和追求创新的意识，在不断变化的 SEO 环境中采用更新的工具和策略

8.1　SEO 综合查询工具

SEO 经常会用到 SEO 综合查询工具，这类工具的使用方法较为简单，只要输入网站网址，即可查询到网站的大量数据，包括 Alexa 排名、百度权重、360 权重、反链数、网站速度、域名年龄、域名备案、安全认证和百度流量预计等。

常用的 SEO 综合查询工具有站长工具网和爱站网等，下面将以站长工具网为例进行讲解。

扫一扫

微课视频

在站长工具网中单击"SEO 优化"下的"SEO 综合查询"超链接，进入"SEO 综合查询"页面，在搜索文本框中输入要查询的网站网址，然后单击 查询 按钮，即可显示该网站的 SEO 综合查询结果，如图 8-1 所示。

图 8-1 | SEO 综合查询结果

8.1.1　SEO 信息

在"SEO 信息"栏中可以查看该网站的全网流量总和以及网站在各大搜索引擎中的权重。单击"全网流量总和"对应的数值，可以打开"权重综合查询"页面，在其中可以查看权重的详细信息，如图 8-2 所示。

图 8-2 | "权重综合查询"页面

8.1.2　网站排名

在"网站排名"栏中可以查看网站的 Alexa 世界排名、Top 全国排名和电商网站排名。

单击"Alexa 世界排名"对应的数值，将打开"Alexa 排名"页面。在其中可以查看 Alexa 排行综合信息、7 天排名趋势图、排名前后榜单等多个评价指标信息，如图 8-3 所示。

图 8-3 | "Alexa 排名"页面

单击"Top 全国排名"或"电商网站排名"对应的数值，在打开的页面中可以查看网站的全国总排名、所在地区的排名、电商网站排名，以及网站简介、网站数据等信息，如图 8-4 所示。

图 8-4 | 网站排名及简介、数据信息

8.1.3　域名年龄

在"域名信息"栏中可以查看网站域名的"注册人/机构""注册人邮箱""域名年龄"等信息。其中域名年龄指域名注册了多长时间，它对网站关键词的排名有非常大的影响。域名注册的时间越早，越有利于排名。

8.1.4　网站速度

在"网站信息"栏中可以查看网站的"IP""同 IP 网站""网站速度"等信息。其中网站速度指打开网站所需的时间。时间越短，网页的打开速度越快，用户体验就越好，搜索引擎就会给予较好的排名。单击"网站速度"对应的数值，在打开的网页中可以查看网站通过不同线路的打开速度，如图 8-5 所示。这些信息可以反映网站服务器的带宽和性能。

图 8-5 | 网站速度

▌8.1.5 页面 TDK 信息

页面 TDK 信息指网站的标题（Title）、关键词（Keywords）和描述（Description），查询首页 TDK 可以更好地布局网站的核心关键词。在 SEO 综合查询结果中可以查看网站首页 TDK 的内容长度、内容等，如图 8-6 所示。

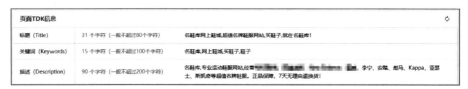

图 8-6 | 页面 TDK 信息

▌8.1.6 百度 PC 趋势和百度移动趋势

SEO 综合查询结果的"百度 PC 趋势"和"百度移动趋势"栏中显示了网站在 PC 端和移动端排名前 10、前 20、前 30、前 40 和前 50 的关键词数量的变化趋势，如图 8-7 所示。从图中可以看出，最近 7 天内，PC 端的关键词数量变化很细微，而移动端的关键词数量最后一天有大幅度的增长。

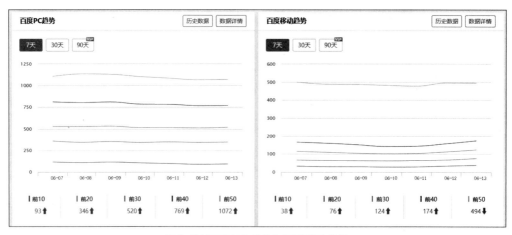

图 8-7 | 百度 PC 趋势和百度移动趋势

▌8.1.7 META 关键词排名

在 SEO 综合查询结果的"META 关键词排名"栏中可以查看网站关键词的排名情况，如图 8-8 所示。

关键词 (Keywords)	出现指数	2%≤密度≤8%	全网微数	百度指数	百度排名	预估流量
名牌鞋	14	0.8 %	145	145	查询	查询
网上鞋城	3	0.2 %	0	0	查询	查询
买鞋子	2	0.1 %	71	71	查询	查询
鞋子	7	0.3 %	1494	1494	查询	查询

图 8-8 | META 关键词排名

8.2　百度统计

　　百度统计是百度推出的一款免费的专业网站流量分析工具，可以对网站页面的链接质量、网站的流量以及用户行为等信息进行统计和分析，从而帮助 SEO 人员及时了解 SEO 效果并优化 SEO 方案。

　　在百度统计"报告"页面中可以查看网站的各种数据报告，包括"网站概况""流量分析""来源分析""访问分析""转化分析""访客分析"和"优化分析"七大类报表。其中"网站概况"报表展示了网站的整体情况，包括相关指标的趋势、访客来源、关注热点和访客属性等数据。

　　"网站概况"报表包括"今日流量"栏、"时间维度调整"栏和数据报表 3 个部分。

8.2.1　"今日流量"栏

　　在"今日流量"栏中可以查看当日和前一日的各项流量指标数据，其中"今日"为当日的实时数据，"昨日"为前一日的整体数据，"预计今日"为预计的当日整体数据，如图 8-9 所示。

今日流量						
	浏览量(PV)	访客数(UV)	IP数	跳出率	平均访问时长	转化次数
今日	1,834,961	890,723	825,721	83.19%	00:02:17	4,457
昨日	3,306,149	1,537,937	1,392,098	80.86%	00:02:29	10,439
预计今日	3,736,467 ↑	1,751,413 ↑	1,581,909 ↑			8,755 ↓

图 8-9 |"今日流量"栏

8.2.2　"时间维度调整"栏

　　"时间维度调整"栏用于控制数据报表所显示数据的时间范围，默认显示当日的数据，也可以根据需要调整显示前一日、最近 7 天和最近 30 天的数据，如图 8-10 所示。

图 8-10 |"时间维度调整"栏

8.2.3　数据报表

　　数据报表包含有"趋势图""Top10 搜索词""Top10 来源网站""Top10 入口页面""Top10 受访页面""新老访客""访客属性-年龄分布"和"地域分布"8 个报表。

- **"趋势图"报表** | 在"趋势图"报表中可以查看网站流量的趋势图，默认显示当日和前一日的浏览量（PV）的对比趋势。单击"访客数（UV）"选项卡可以查看访客数指标（见图 8-11）或单击"其他"选项卡，查看其他流量指标；也可以单击"时间

维度调整"栏中的其他选项卡查看其他时间范围内的趋势图，图 8-12 所示为最近 30 天的"访客数（UV）"趋势图。

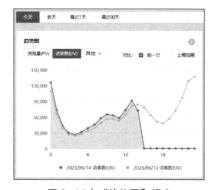

图 8-11 ｜"趋势图"报表

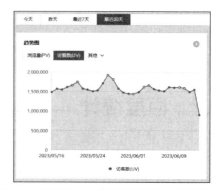

图 8-12 ｜最近 30 天的"访客数（UV）"趋势图

- **"Top10 搜索词"报表**｜在"Top10 搜索词"报表中可以查看用户在搜索引擎中搜索并访问网站时经常使用的关键词，如图 8-13 所示。
- **"Top10 来源网站"报表**｜在"Top10 来源网站"报表中可以查看用户访问网站的途径，如图 8-14 所示。从图中可以看出，通过"直接访问"途径（直接在浏览器中输入网址）访问网站的浏览量（PV）占 26.81%，而"百度"途径占 57%。

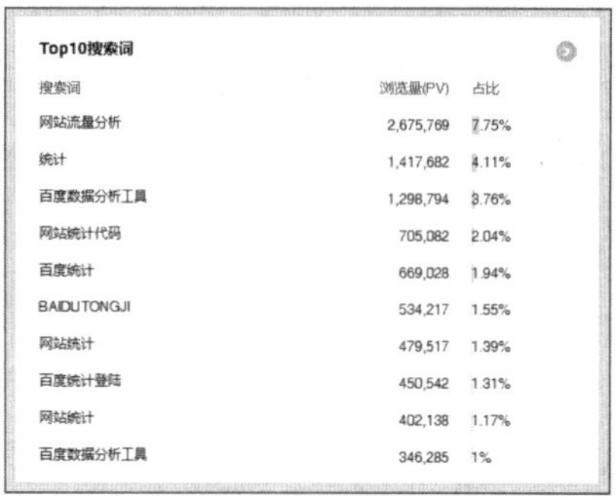

图 8-13 ｜"Top10 搜索词"报表

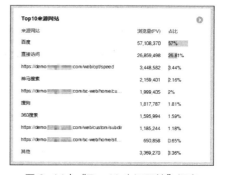

图 8-14 ｜"Top10 来源网站"报表

- **"Top10 入口页面"报表**｜在"Top10 入口页面"报表中可以查看用户经常通过哪些页面进入网站，如图 8-15 所示。
- **"Top10 受访页面"报表**｜在"Top10 受访页面"报表中可以查看网站中用户访问最多的页面，如图 8-16 所示。
- **"新老访客"报表**｜新访客指第一次访问网站的用户；老访客指当日之前访问过网站，当日再次访问网站的用户。通过"新老访客"报表，可以了解网站用户的新老访客比例，以及浏览量、访客数和跳出率等流量数据，如图 8-17 所示。对于处于成长期的网站来说，新访客的比例很大，随着网站经营时间的增加，老访客的比例会逐渐增大。如果老访客的比例始终较低，则说明网站的内容对用户没有吸引力，无法将新访客转化为老访客。
- **"访客属性-年龄分布"报表**｜通过"访客属性-年龄分布"报表可以查看网站用户的年龄分布情况，如图 8-18 所示。从图中可以看出，该网站的用户年龄主要集中在 18～44 岁。

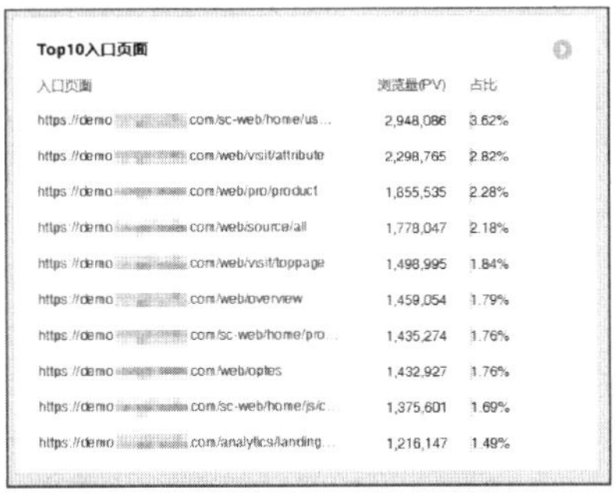

图 8-15 | "Top10 入口页面"报表

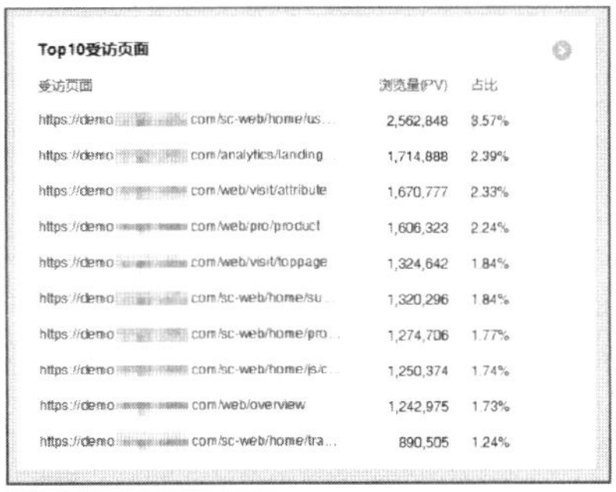

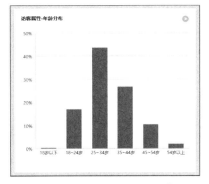

图 8-16 | "Top10 受访页面"报表

图 8-17 | "新老访客"报表

图 8-18 | "访客属性-年龄分布"报表

- **"地域分布"报表** | 在"地域分布"报表中可以很直观地查看网站用户在全国的地域分布情况，地域颜色越深表明该地域的用户数量越多。

8.3　百度指数

　　百度指数可以研究用户对关键词的搜索趋势，洞察用户的需求变化，分析用户的人群画像等。

拓展案例

使用百度指数

　　下面在百度指数中查看关键词"小米"和"华为"的搜索趋势、需求图谱和用户画像，具体操作如下。

　　（1）在百度指数首页的搜索文本框中输入关键词"小米"和"华为"，中间以半角逗号隔开，然后单击 开始探索 按钮，如图 8-19 所示。

扫一扫

微课视频

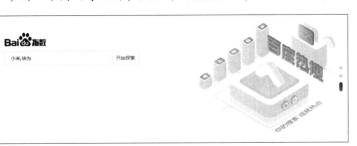

图 8-19 | 输入搜索关键词

（2）在打开的页面中可以看到"小米"和"华为"的搜索趋势，拖动趋势图下方时间轴中的竖条可以调整时间的起止范围，如图 8-20 所示。

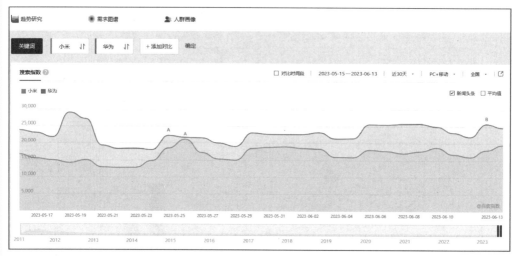

图 8-20｜查看关键词的搜索趋势

（3）单击上方的 按钮，可以查看与搜索关键词相关的其他关键词的情况，离中心越近表明该关键词的相关性越强，需求图谱直径越大表明该关键词的搜索指数越高，如图 8-21 所示。

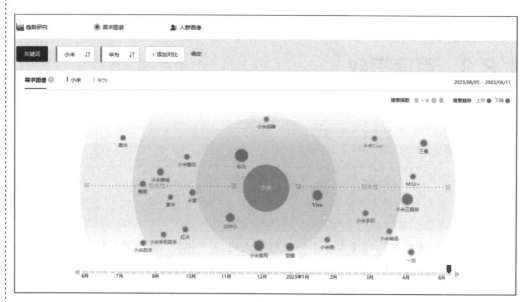

图 8-21｜查看关键词的需求图谱

（4）单击上方的 ▲人群画像 按钮，可以查看搜索这些关键词的用户人群画像信息。在"地域分布"栏中可以查看用户在省份、区域或城市的分布情况，如图 8-22 所示。

（5）在"人群属性"栏中可以查看用户的年龄分布和性别比例；在"兴趣分布"栏中可以查看用户感兴趣的内容，如图 8-23 所示。

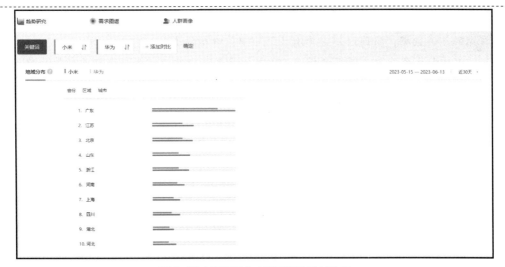

图 8-22 | 查看用户人群画像的地域分布

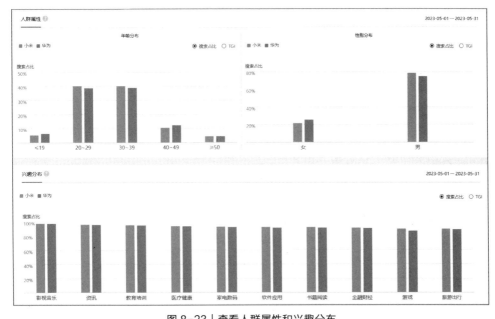

图 8-23 | 查看人群属性和兴趣分布

8.4　本章实训

8.4.1　实训背景

"创思文具"是一家专注于设计、制造和销售创意文具产品的公司，致力于提供高品质、独特而又富有创意的文具，让人们在工作、学习和生活中能够更加愉悦。为了了解竞争对手网站的 SEO 效果，创思文具需要使用 SEO 综合查询工具获取竞争对手网站的相关信息，以及通过百度指数查询相关关键词的搜索趋势、需求图谱和人群画像。通过这些数据，创思文具可以进一步优化自己的网站，提高在搜索引擎中的排名，提高曝光率并增加用户流量。

- 掌握 SEO 综合查询工具和百度指数的使用方法，能够熟练地获取和分析竞争对手网站的相关数据，为网站制定更有效的市场策略提供支持。
- 培养团队合作能力、数据分析能力和解决问题的能力，增强未来职业发展的竞争力。

8.4.2 实训要求

（1）使用 SEO 综合查询工具查询竞争对手网站的 SEO 综合信息、META 关键词排名、收录/索引信息、页面信息等内容。

（2）使用百度指数查询"办公文具"关键词的搜索趋势、需求图谱和人群画像。

扫一扫

微课视频

8.4.3 实训步骤

（1）进入爱站网首页，在"SEO 综合查询"搜索文本框中输入竞争对手网站的网址，单击 查询 按钮得到该网站的各种 SEO 信息。首先看到 SEO 综合信息，包括 Title 信息、SEO 信息、Alexa 排名、备案信息、域名信息和网站速度等内容，如图 8-24 所示。

图 8-24 | 查看 SEO 综合信息

（2）向下滚动网页，在"百度关键词"栏中查看网站关键词在百度 PC 端和移动端排名前 10、前 20、前 30、前 40 和前 50 的关键词数量的变化趋势，如图 8-25 所示。

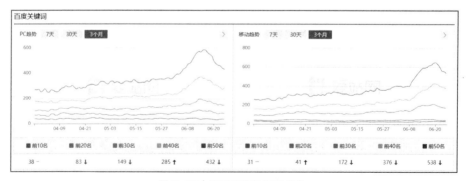

图 8-25 | 查看百度关键词信息

（3）向下滚动网页，在"META 关键词"栏中查看在<meta>标签中设置的关键词的相关数据，包括出现频数、密度、百度指数和 360 指数等内容，如图 8-26 所示。

META关键词 来路关键词 一键更新

关键词	出现频数	2%≤密度≤8%	百度指数	360指数	百度排名	排名变化	预计流量
得力	18	10.32%	1,164	553	查询	-	未知
得力文具	2	2.29%	443	79	查询	-	未知
deli	2	2.29%	331	60	查询	-	未知
办公整体解决方案	5	11.46%	<10	<10	查询	-	未知
得力集团官方网站	1	2.29%	<10	<10	查询	-	未知
得力办公	6	6.88%	<10	<10	查询	-	未知

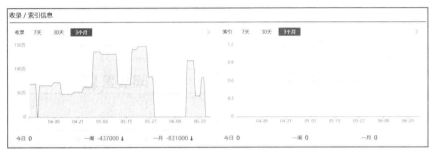

图 8-26｜查看 META 关键词

（4）向下滚动网页，在“收录/索引信息”栏中查看网站中的网页被搜索引擎收录和索引的情况，如图 8-27 所示。

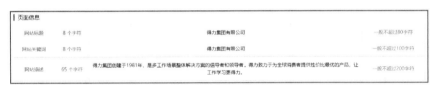

图 8-27｜查看收录/索引信息

（5）向下滚动网页，在“页面信息”栏中查看网站的标题、关键词和描述的内容以及字符数，如图 8-28 所示。

页面信息

网站标题	8 个字符	得力集团有限公司	一般不超过80字符
网站关键词	8 个字符	得力集团有限公司	一般不超过100字符
网站描述	65 个字符	得力集团创建于1981年，是多工作场景整体解决方案的倡导者和领导者，得力致力于为全球消费者提供性价比最优的产品，让工作学习更得力。	一般不超过200字符

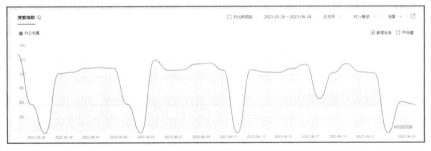

图 8-28｜查看页面信息

（6）在百度指数网站中搜索“办公文具”关键词，在“趋势研究”页面中查看“办公文具”关键词搜索指数的变化趋势，如图 8-29 所示。

图 8-29｜查看“办公文具”关键词搜索指数的变化趋势

（7）单击 需求图谱 按钮，切换到“需求图谱”页面，在其中查看“办公文具”关键词的需求图谱，如图 8-30 所示。

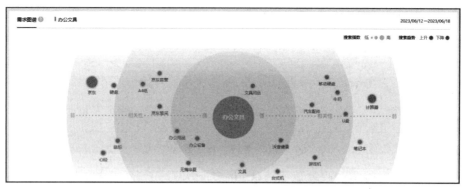

图 8-30｜查看"办公文具"关键词的需求图谱

（8）单击 👤人群画像 按钮，切换到"人群画像"页面，在其中查看"办公文具"关键词的人群属性和兴趣分布等信息，如图 8-31 所示。

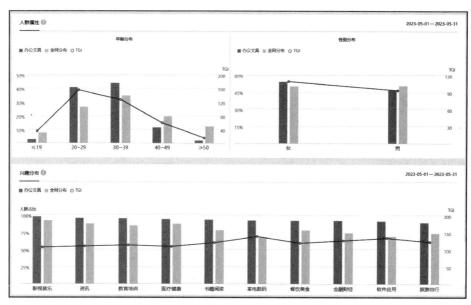

图 8-31｜查看"办公文具"关键词的人群属性和兴趣分布等信息

📱**职业素养**

SEO 人员应具备较高的分析能力，能够使用各种工具收集和分析数据，并能根据这些数据制定高效的优化策略，以提高网站的搜索引擎排名。

🔵 8.5 课后练习

一、填空题

1. 使用站长工具网进行 SEO 综合查询，在"网站排名"中可以查看网站的_____、_____和_____。

2. 网站速度指_____。时间越_____，网页的打开速度越_____，用户体验就越_____，搜索引擎就会给予_____的排名。

二、单项选择题

1. 下面关于站长工具网的 SEO 综合查询结果的说法中，错误的是（   ）。

   A. 可以查询每个页面的 TDK 信息

   B. 可以查看网站通过不同线路的打开速度

   C. 可以查看网站在各大搜索引擎中的权重

   D. 可以查看网站在 PC 端和移动端排名前 10、前 20、前 30、前 40 和前 50 的关键词数量的变化趋势

2. 百度指数的人群画像页面，不能提供（   ）方面的内容。

   A. 用户地域分布   B. 用户年龄分布和性别比例

   C. 用户兴趣分布   D. 用户学历分布

3. 下列关于百度统计的说法，错误的是（   ）。

   A. 要使用百度统计必须先注册百度统计账号

   B. 使用百度统计可以查询任意网站的数据

   C. 在百度统计"报告"页面中可以查看网站的各种数据报告

   D. 需要将百度统计提供的 JavaScript 代码添加到网页中才能获取数据

三、判断题

1. 对于处于成长期的网站来说，新访客的比例很大，但随着网站经营时间的增加，老访客的比例一定会超过新访客的比例。   （   ）

2. 在"地域分布"报表中可以很直观地查看网站用户在全球的分布情况，地域颜色越深表明该地域的用户数量越多。   （   ）

四、简答题

1. 简述 SEO 综合查询工具的功能。

2. 简述百度统计的作用。

五、操作题

1. 使用互联网上的 SEO 综合查询工具查询自己网站的 SEO 信息。

2. 注册百度统计账号，并使用百度统计对自己的网站进行流量数据分析。

第 9 章　移动端网站 SEO

本章导读

随着移动互联网的飞速发展，移动端的网络用户和搜索引擎的搜索量超过了 PC 端。越来越多的用户通过手机等移动设备在移动互联网中进行学习、娱乐、办公和购物等。因此，SEO 人员必须关注网站在移动端的发展变化，掌握移动端网页的版式设计和移动端网站的优化，从而更好地优化网站在移动设备上的展示效果和在移动搜索引擎中的排名。

学习目标

| 了解移动端网页的发展趋势
| 熟悉移动端网页的版式设计
| 掌握移动端网站的优化方法
| 能够进行移动端网页的版式设计
| 能够进行移动端网站的性能优化和 SEO，提高网页加载速度和搜索引擎排名
| 具备用户导向和用户体验设计的意识，能够从用户角度出发，提高移动端网站的可访问性
| 培养对前沿技术和市场发展趋势的敏感度，能够不断地学习和掌握移动端网站设计的新技术和新方法

9.1 移动端网页的发展趋势

随着移动互联网的不断发展，用户通过移动设备获取信息的需求也越来越大。目前，使用移动设备访问网络的用户已经超过了 PC 端用户。因此，建立移动端网站并进行移动端网站 SEO 以获取更多的移动端流量是网站发展的必然趋势。

相较于 PC 端网站，移动端网站具有以下优势。

- **更多的用户**｜中国互联网络信息中心发布的第 51 次《中国互联网络发展状况统计报告》显示，截至 2022 年 12 月，我国手机网民规模达 10.651 亿人，较 2021 年年底增长 3 636 万人，网民中使用手机上网的比例由 2021 年年底的 99.7%提高至 99.8%，如图 9-1 所示。网民数量增加，手机网民比重提高，使得移动端 SEO 的需求也持续增强。可以预见的是，移动端 SEO 将不可或缺。

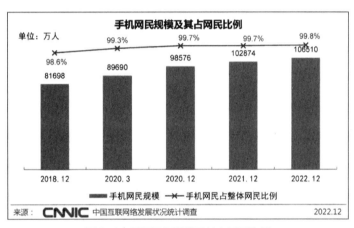

图 9-1｜手机网民规模及其占网民比例

- **更高的转化率**｜移动设备的使用者多为年轻人和上班族等群体，这些人群的在线购物需求更为迫切。因此，移动端网站可以更好地吸引这些用户，以提高转化率。
- **更好的用户体验和更高的互动性**｜移动设备具有许多独特的功能和特点，如 GPS 定位和语音操作，使得移动端网站具有更好的用户体验和更高的互动性。例如，通过 GPS 定位可以为用户推荐附近的商家和提供本地化的天气预报，而通过语音操作可以为用户提供更方便、更快捷的操作。

9.2 移动端网页的版式设计

PC 端网页虽然也能在手机等移动设备上浏览，但是由于其不是专为移动设备设计的，因此用户体验非常不好。为了提升网页在移动设备上的用户体验，SEO 人员需要了解移动端网页与 PC 端网页的差别，以及如何设计移动端网页的版式。

9.2.1 移动端网页与 PC 端网页的差别

移动端网页与 PC 端网页（见图 9-2）的差别主要体现在以下 3 个方面。

149

图 9-2 │ 移动端网页与 PC 端网页

- **页面宽度**│PC 端网页的页面宽度是固定的，并且超过了 1 000 像素；而移动端网页的宽度是自适应的，可以根据移动设备屏幕的宽度自动调整。
- **页面结构**│PC 端网页的页面结构相对要复杂一些，整个页面会被分割为多个宽度、高度不同的板块，且宽度和高度是固定的；而移动端网页通常只在水平方向上进行分割，每个板块的宽度都与屏幕宽度相同，且采用流式布局，会根据屏幕宽度自动调整每一行显示内容的数量。
- **用户体验**│PC 端网页在移动设备上显示会被缩得很小，如果放大显示就需要频繁地左右拖动页面，用户体验非常差。而移动端网页专为移动设备而设计，大小适中，只需要上下滑动就可以显示内容，更方便移动端用户浏览。

9.2.2 设计移动端网页的版式

移动端设备的屏幕较小，分辨率各异。为了能更好地显示网页的内容，移动端网页必须能够自适应各种不同的分辨率。移动端网页的版式与 PC 端网页有很大区别，主要体现在栅格系统、功能减去、修饰减去和流式布局 4 个方面。

1. 栅格系统

栅格系统通过一系列的行与列的组合来管理页面布局。栅格系统不仅可以让网页的信息呈现更美观易读、更具可用性，还可以使网页更灵活与规范。

PC 端网页和移动端网页的栅格系统是不同的，图 9-3 所示为 PC 端、iPad 端和手机端 3 种不同页面的栅格模式。

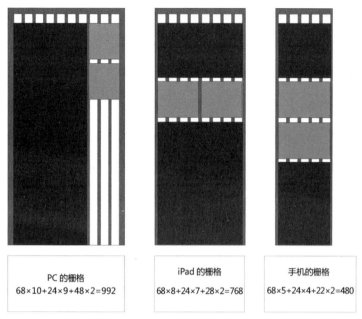

PC 的栅格
68×10+24×9+48×2=992

iPad 的栅格
68×8+24×7+28×2=768

手机的栅格
68×5+24×4+22×2=480

图 9-3 | 3 种不同页面的栅格模式

从图中可以看出，手机端网页的栅格系统中，有 5 个列宽为 68 像素的列、4 个宽度为 24 像素的列间距，再加上 2 个宽度为 22 像素的页边距，整个页面宽度为 480 像素。采用这种模式设计出来的页面更符合移动端网页的显示效果，用户的观感会更好。

2．功能减去

由于移动设备的屏幕较小，一般会减去 PC 端网页的一些不太重要的功能，并设置相应的链接，使其在其他页面中进行显示。

图 9-4 所示为功能减去示意图，随着屏幕尺寸的不断减小，页面中展现的功能就会相应地减少，浏览页面的方式也由 PC 端的 S 型转变为手机端从上往下的浏览方式，而减少的 2、5、6、7 这几个功能则会在相应的位置设置链接，跳转到其他一个页面。这样可以优先展示重要的内容，吸引用户并提升用户的浏览体验。

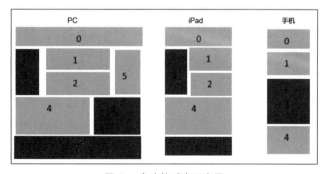

图 9-4 | 功能减去示意图

3．修饰减去

面对小屏幕，在功能减少的情况下，修饰也必须减少。在 PC 端中可以显示的加强视觉效果的一些设计，在移动端则要去掉。

一般情况下，PC 端网页的设计除了要满足功能的要求，还要考虑版面的设计，通过合理的图片和文字版面布局来加强用户的观感。在 PC 端，版面的功能和视图安排一般各占 50% 左右。但是在手机等移动端，功能和视图的安排要变成功能占 80%，视图占 20%。

4．流式布局

PC 端网页的布局方式通常是固定的。这种固定式布局在转向移动端时，因为屏幕的变化就会出现每个板块虽然上面很整齐，但是下面出现了镂空的现象，如图 9-5 所示，这样会使视觉效果不美观。

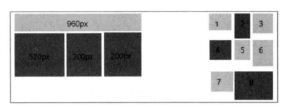

图 9-5｜固定式布局

转换为流式布局后，则页面会根据屏幕的大小自动调整布局结构，因为流式布局是以百分比进行设置的，非常灵活，且出现空余的部分会自动填充，如图 9-6 所示，这就使得网页布局更加紧凑，浏览效果也更好。

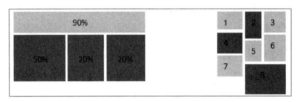

图 9-6｜流式布局

9.3 移动端网站的优化

随着智能手机的普及，手机成为人们获得信息、进行交流的重要工具，从而使移动端开始超越 PC 端成为人们上网的首选，因此移动搜索量也随之剧增，相对应的移动端网站的 SEO 也越发重要。

扫一扫

微课视频

移动端网站的 SEO 包括适配方式、前期准备、搜索引擎友好度、排名优化和良好展示 5 个方面，下面分别进行介绍。

9.3.1 适配方式

当人们使用移动设备访问网站时，为了展示适合于移动设备浏览的网页内容，网站需要采用相应的适配方式。目前常见的适配方式有独立移动端网站、动态服务和响应式设计 3 种。

1．独立移动端网站

独立移动端网站是专门针对移动设备设计和开发的移动端网站，使用和 PC 端网站不同的子域名进行访问，例如，移动端网站的网址为 m.abc×××123.com，而 PC 端网站的网址则为 www.abc×××123.com。

独立移动端网站有着更为简洁和优化的内容和功能，可以提高网站的访问速度和用户交互性。然而，独立移动端网站需要单独维护和更新，会增加开发和管理成本。

因为独立移动端网站使用了不同的网址，搜索引擎无法自动识别它们与 PC 端网站之间的对应关系。因此，可以采用以下 3 种方法来告知搜索引擎。

（1）自动跳转

使用自动跳转功能可以实现不同网页之间的自动跳转。当 PC 端用户或网络蜘蛛访问移动端网站页面时，自动跳转到相应的 PC 端网页；而当移动端用户或网络蜘蛛访问 PC 端网站页面时，则自动跳转到对应的移动端网页。当 PC 端用户或网络蜘蛛访问 PC 端网站页面，以及移动端用户或网络蜘蛛访问移动端网站页面时，则无须进行跳转。

经验之谈

> 这里的跳转百度建议使用 301 跳转，而不推荐使用 JavaScript 跳转。如果网站的目标用户主要是国内用户，就可以使用 301 跳转。如果目标用户主要是国外用户，则应使用 302 跳转。

（2）<head>标签

在对应的 PC 端网页和移动端网页的<head>标签中添加相应的代码，让它们相互指向，这样搜索引擎就可以判断它们之间的关系。

在 PC 端网页的<head>标签中添加如下代码。

```
<link rel="alternate" media="only screen and (max-width: 640px)" href=
"http://m.abc×××123.com">
<meta name="applicable-device" content="pc">
```

在移动端网页的<head>标签中添加如下代码。

```
<link rel="canonical" href="http://www.abc×××123.com">
<meta name="applicable-device" content="mobile">
```

（3）移动适配提交

通过搜索引擎的移动适配提交功能可以直接向搜索引擎提交 PC 端网页和移动端网页的对应关系。

2．动态服务

动态服务不会进行网址跳转，PC 端网页和移动端网页使用相同的网址，但会根据用户使用的设备型号或浏览器标识来判断用户访问的设备类型，是计算机则返回 PC 端的网页代码，是移动设备则返回移动端的网页代码。

实现动态服务的关键在于服务器能够根据用户访问的设备类型动态地返回不同的网页代码。在这个过程中，用户代理（User Agent）头信息是非常重要的，因为它能够告诉服务器用户使用的设备类型、浏览器类型和版本等信息，从而使服务器可以根据这些信息判断用户的设备类型，并返回相应的网页代码。同时，为了让搜索引擎正确地抓取网站的内容，需要设置 Vary HTTP 头信息，这样可以告诉搜索引擎，网站的内容根据用户代理的不同而有所区别，搜索引擎需要抓取不同版本的内容。

在 Apache 服务器中设置 Vary HTTP 头信息，需要在配置文件 httpd.conf 中找到以下代码。

```
#LoadModule headers_module modules/mod_headers.so
```

删除该行代码前面的"#"号，使其生效。

然后在配置文件中添加如下代码。

```
<IfModule mod_headers.c>
Header set Vary User-Agent
</IfModule>
```

3. 响应式设计

响应式设计不会进行网址跳转，也不用生成另外的网页内容，而会根据用户设备的屏幕大小和分辨率等特性自动调整网页布局和显示效果，以实现更好的用户体验。

响应式设计的好处在于它可以为用户提供一致的用户体验，这样不仅可以提高用户满意度，增加访问量，并且 SEO 人员也不需要开发不同版本的网站，从而减少工作量。

由于网址一样，PC 端和移动端浏览器所获得的代码也一样，因此对于 SEO 来说，响应式设计的优势非常明显，搜索引擎不用检测 PC 端网页和移动端网页的对应关系。

要实现响应式布局，首先需要设置视口（viewport），告诉浏览器和搜索引擎要按照设备的宽度自动调整排版。设置代码如下。

```
<meta name="viewport" content="width=device-width, initial-scale=1">
```

此外，还需要添加如下代码，告诉搜索引擎此网页同时适合 PC 端和移动端。

```
<meta name="applicable-device" content="pc,mobile">
```

最后在 CSS 样式文件中通过媒体查询设置不同设备下的 CSS 样式，以实现在不同设备中采用不同的网页布局，其代码结构如下。

```
PC 端 CSS 样式
@media (max-width: 640px){
移动端 CSS 样式

}
```

▌9.3.2 前期准备

确定好适配方式后就要开始做前期准备。前期准备主要包括以下 3 个方面。

- **域名的选择**｜用户对网站的第一印象是域名，一个好的域名不仅应该简单明了，还应该方便用户向他人推荐，这样才有利于扩大用户群体，因此，网页的域名应该越短越好，在方便记忆的同时便于操作。
- **服务器的选择**｜选择正规的服务器提供商，避免与大量的垃圾网站共用 IP，以提高上网的速度与稳定性。
- **使用 HTML5**｜HTML5 本身有着多设备跨平台、自适应网站设计和即时更新的优点，所以优化时建议使用 HTML5。

▌9.3.3 搜索引擎友好度

搜索引擎友好是获得搜索引擎收录的基础。在优化搜索引擎友好度时需要注意以下 6 个方面。

- **机器可读**｜当前网络蜘蛛只能读懂文本内容，不能对 Flash 或者图片进行良好的处理，所以要通过搜索引擎增加网站流量，重要的内容或者链接都要以文本的形式进行显示。
- **结构扁平**｜扁平化的结构设计具有层次浅、结构清晰的特点，可以使用户快速了解网站的内容，找到有用的信息；同时，也有利于搜索引擎快速理解网站的结构层次。

- **网状的链接** | 每个页面都应该有上级和下级的链接，以及相关内容的链接。每个网页都要是整个网站结构的一部分，都可以通过其他网页链接找到。这样才不会形成链接孤岛，从而使搜索引擎快速有效地抓取信息。
- **简单的 URL** | 简短、规范的 URL 不仅方便用户记忆，还方便搜索引擎抓取和判断网页内容。
- **涵盖主旨的锚文本** | 移动端网站的 SEO 在某种程度上同 PC 端网站的 SEO 有着相似性。所以在进行移动端网站的 SEO 时可以借鉴 PC 端网站的 SEO 方法，如锚文本优化，保证主旨清晰、内容简洁即可提高网站排名，增加网站权重，提升用户体验。
- **设置合理的返回码** | 如果网站临时性关闭，应该将返回码设置为 503 而不是 404，这样搜索引擎会认为网站临时不可访问，短时间内还会抓取。如果要更改域名或者进行网络改版，则应设置为 301 永久性重定向，这样才不会降低网站的收录量。

9.3.4 排名优化

和 PC 端网站的排名一样，移动端网站的排名也受到多个因素的影响，同时移动端网站的排名还有自身的一些优化要求。

整体上，移动端搜索的结果是由 PC 端的搜索结果加上移动端的一些特点综合调整而来的。百度会优先对移动网页进行排名，所以没有移动网页的网站的首要任务就是进行网站的移动化，然后针对网站内容进行优化。移动端网站的排名需注意以下 4 个方面。

- **主旨明确的标题** | 网页的标题告诉用户和搜索引擎本网页的主题是什么，而搜索引擎主要通过网页的标题来判断页面的权重，因此移动端网站的标题应该满足以下 4 个要求：一是内容明确，涵盖页面主题；二是不罗列关键词，以方便用户快速捕捉有用信息，且不要超过 17 个字符；三是重要内容放置在页面左侧，且保持语义通顺；四是使用用户常用或熟悉的字词。
- **持续不断的优质原创内容** | 网站能吸引、留住用户的重要原因是可以为用户长期提供优质的原创内容。不定时地更新原创内容或者对原有的优质内容进行系列整合，对提高网站排名有很大帮助。
- **地理信息的标注** | 搜索引擎对用户搜索行为进行统计后发现，大量用户更倾向于具有本地特征的搜索结果。因此当标注地理信息后，搜索引擎会根据用户的地理位置优先展现与用户位置接近的搜索结果，方便用户使用本地信息和服务。
- **加载速度的提高** | 移动用户绝大部分是通过碎片化时间浏览网页的，因而希望能够尽快地打开网页。统计发现，当一个网页的加载时间超过 5 秒后用户就会关掉页面，寻找新的页面。因此 SEO 人员要对移动端网站的加载时间进行优化，提高加载速度。

9.3.5 良好展示

良好展示的重点是网站页面。页面是评判网站用户体验的重要载体，而用户体验是网站能否留住访客的重要依据，网站页面涉及的用户体验主要有浏览体验、资源和功能的易用性等。浏览体验与网站页面的结构有着直接的联系。结构差，浏览体验无从谈起；结构好，浏览体验相对就好。要改善用户的浏览体验，需要做好以下两点：一是页面主题中的文本颜色应与背景颜色有明显的差异；二是页面中的文本内容应段落分明、排版精良。图 9-7 所示的移动网页，左半部分背景颜色与文本颜色相近，且字体过小，不利于文章阅读；而右半部分背景颜色为白色，能够非常好地凸显文本，且各级标题与正文的字体大小合适，使用户能够一目了然地阅读文章的内容。

　　手机屏幕小，一次性展示的内容不多，需要通过链接的方式不断地跳转页面，实现信息和内容的最大化，因而链接众多。因此链接优化不好将极大地影响用户体验。图 9-8 所示为某移动网页中的链接，各链接之间的间距太小，十分不利于用户点击。

图 9-7 | 移动网页的浏览体验

图 9-8 | 某移动网页中的链接

　　针对这种情况，移动网页的内容展示应注意以下内容。

- **正文**｜主体内容含文本段落时，正文字体大小建议 14 磅值，行间距建议 0.42～0.6 倍字体大小；不含文本段落时，正文字体大小不小于 10 磅值，行间距不小于 0.2 倍字体大小。
- **图片**｜主体内容含多图时，图片宽度应一致，图片位置应统一。
- **文本链接**｜主体内容包含多个文本链接时，文本链接字体大小建议 14 磅值或 16 磅值。字号为 14 磅值时，纵向间距建议 13 磅值；字号为 16 磅值时，纵向间距建议 14 磅值；文本链接整体可点击区域不小于 40 磅值。
- **其他可点击区域**｜主体内容中的其他可点击区域的宽度和高度应大于 40 磅值。
- **交互手势**｜交互手势应一致，网站中的所有页面应使用相同手势完成相同的功能。
- **Flash**｜移动设备不支持 Flash，应避免使用。
- **音/视频**｜音/视频应不需要另外下载播放器，可直接播放且清晰优质。
- **App 下载**｜App 应不需要另外下载手机助手和应用市场，可直接下载最佳版本。
- **文档页**｜文档页应提供可直接阅读且阅读体验好的文档。避免将文档资源转化为图片资源，否则不仅影响用户体验，而且对搜索引擎也不友好。
- **产品页**｜产品页应提供完整的产品信息和有效的购买路径。
- **搜索结果页**｜页面罗列出的搜索结果应与搜索词密切相关。
- **表单页**｜表单页主要指注册页、登录页、信息提交页等，应提供完整、有效的功能。

　　此外，建设移动端网站还要考虑增益体验，这样不仅可以使网站受到搜索引擎的优待，还可以改善用户体验，增强用户黏性，提高用户回访率。图 9-9 所示的新浪移动网站页面提供了面包屑导航，当用户浏览完该页面时，便于用户返回上一页或者首页。图 9-10 所示的百度同时提供了语音搜索和图片搜索，用户不方便打字时可以使用语音搜索，当需要查找图片类信息时可以使用图片搜索。这两者都有助于提升网站增益体验。

图 9-9 | 新浪移动网站中的增益体验

图 9-10 | 百度中的增益体验

网站增益体验主要包括以下 4 项内容。

- **访问路径上的增益** | 提供导航或面包屑导航，以方便去往下一级或上一级页面。
- **效率上的增益** | 提供拨打电话、地址定位等功能，使用户不用切换到其他应用即可使用。
- **输入方式上的增益** | 提供语音输入、图像输入和扫码等功能。
- **页面效果增益** | 提供夜间模式、字体大小调整和背景图片/颜色设置等功能。

9.4 本章实训

9.4.1 实训背景

为了提升网站的移动 SEO 效果，了解不同移动端网站的适配方式是至关重要的。因此，可以通过 EDGE 浏览器查看不同网站的动态服务、独立移动网站和响应式设计，以便更好地了解它们的特点和适用场景，为移动端网站的 SEO 提供更多的思路。

- 掌握如何评估不同移动端网站的适配方式，了解不同适配技术的优缺点，并能够将适配技术应用于网站。
- 培养独立思考能力和团队协作能力，能够分析不同适配方式的选择依据，并与团队成员合作，共同制定适合网站的移动端优化策略。

9.4.2 实训要求

在 EDGE 浏览器中查看百度、京东和 jQuery 移动网站的适配方式。

扫一扫

微课视频

9.4.3 实训步骤

（1）在 EDGE 浏览器的地址栏中输入百度的网址，按"Enter"键访问百度首页，然后按

"F12"键，查看网站的源代码，如图 9-11 所示。

图 9-11 | 查看百度 PC 端网页

（2）单击源代码左上方的"切换设备仿真"按钮，切换到手机浏览模式，单击"刷新"按钮，可以发现网页内容和源代码都发生了很大的变化，但网址没有发生改变，如图 9-12 所示。这说明百度的移动端网站采用的是动态服务方式。

图 9-12 | 查看百度移动端网页

（3）单击"切换设备仿真"按钮，切换回 PC 浏览模式，在地址栏中输入京东的网址，按"Enter"键访问京东首页，如图 9-13 所示。

（4）单击"切换设备仿真"按钮，切换到手机浏览模式，单击"刷新"按钮，可以发现网页内容和源代码都发生了很大的变化，同时网址也发生了改变，如图 9-14 所示。这说明京东的移动端网站采用的是独立移动网站方式。

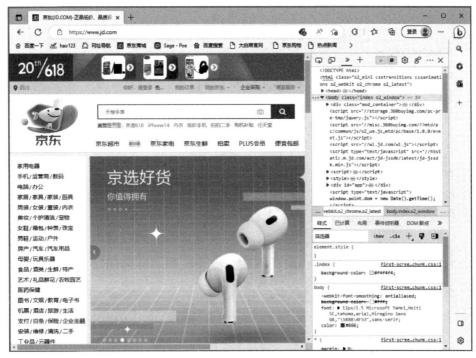

图 9-13 | 查看京东 PC 端网页

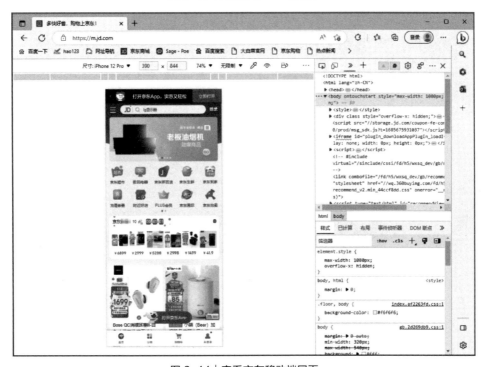

图 9-14 | 查看京东移动端网页

（5）单击"切换设备仿真"按钮 ⬚，切换回 PC 浏览模式，访问 jQuery 网站首页，拖动浏览器的边框，调整浏览器的宽度，可以看到页面版式会根据浏览器的宽度自动进行调整，如图 9-15 所示。

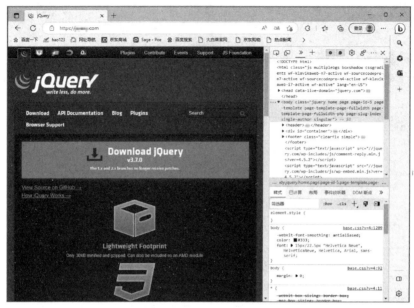

图 9-15 | 查看 jQuery PC 端网页

（6）单击"切换设备仿真"按钮 ▢，切换到手机浏览模式，单击"刷新"按钮 ↻，可以发现网页内容、源代码以及网址都没有变化，如图 9-16 所示。这说明 jQuery 的移动端网站采用的是响应式设计方式。

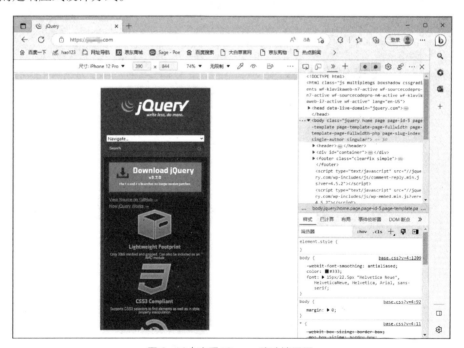

图 9-16 | 查看 jQuery 移动端网页

职业素养

> SEO 人员应坚持用户导向，能够从用户角度出发，提高移动端网站的易用性和可访问性。

9.5　课后练习

一、填空题

1. 移动端网页与 PC 端网页的差别主要体现在＿＿＿＿＿、＿＿＿＿＿和＿＿＿＿＿ 3 个方面。

2. 移动端网站常见的适配方式有＿＿＿＿＿、＿＿＿＿＿和＿＿＿＿＿ 3 种。

二、单项选择题

1. 移动适配方式中，（　　）功能可以直接向搜索引擎提交 PC 端网页和移动端网页的对应关系。

    A．301 跳转　　　　　B．302 跳转　　　　C．head 标注　　　D．移动适配提交

2. 下列关于响应式设计的说法，错误的是（　　）。

    A．可以为 PC 端和移动端提供不同的网页内容

    B．可以提高用户满意度，增加访问量

    C．搜索引擎不用检测 PC 端网页和移动端网页的对应关系

    D．可以适配各种设备，避免为各种终端设备打造不同的网站

3. 下列不属于移动端网站的标题应该满足的要求的是（　　）。

    A．内容明确，涵盖页面主题

    B．使用用户常用或熟悉的字词

    C．不要超过 17 个字符

    D．在标题中堆砌关键词

4. 在移动端网站设计中，（　　）将降低资源和功能的易用性。

    A．精简页面　　　　　　　　　　B．设计友好的导航栏

    C．使用弹窗广告　　　　　　　　D．优化搜索功能

三、判断题

1. 移动设备不支持 Flash 内容，应避免使用。　　　　　　　　　　　（　　）

2. 移动端网页中的音/视频应不需要另外下载播放器，可直接播放且清晰优质。

                                 （　　）

3. 使用移动设备访问网络的用户已经超过了 PC 端用户。　　　　　　（　　）

4. 移动端网页的页面结构相对于 PC 端网页来说更为复杂。　　　　　（　　）

5. 响应式设计会生成不同版本的网页内容，以适配不同的设备。　　　（　　）

6. 使用动态服务进行移动适配时，服务器可以根据用户代理头信息判断用户的设备类型，并返回相应的网页代码。　　　　　　　　　　　　　　　　　　　（　　）

四、简答题

1. 为什么移动端网站 SEO 是网站发展的必然趋势？

2. 请简要介绍独立移动端网站的优势和劣势。

3. 在移动端网页设计中，如何提高搜索引擎友好度？

五、操作题

分别访问各大知名网站的 PC 端和移动端，并分析它们的移动端网站的适配方式。

第10章 搜索引擎营销（SEM）

本章导读

搜索引擎营销（Search Engine Marketing，SEM）是一种通过投放广告和优化网站来提高品牌知名度、吸引目标用户和增加企业销售业绩的网络营销策略。随着网络的普及和搜索引擎技术的不断发展，SEM已成为企业网络营销的主流战略之一。企业可以利用搜索引擎平台投放广告，吸引消费者关注并激发其购买欲望，同时提高网站的曝光率、点击率和转化率，实现更多的盈利和业绩增长。此外，SEM还包括对网站内容和结构的优化，以提高搜索引擎的排名，提升用户体验，从而增加网站的自然流量，增强品牌声誉。

学习目标

| 熟悉 SEM 的定义、特点与基本步骤
| 了解搜索推广的特点和排名原理
| 掌握搭建搜索推广账户的方法
| 掌握 SEM 竞价推广中关键词设置和创意设置的方法
| 能够制定 SEM 推广方案
| 能够根据账户数据分析来调整和优化 SEM 推广方案
| 培养市场洞察力和营销思维，能够从用户需求和竞争情况出发，制定有效的 SEM 推广方案
| 培养数据分析和决策能力，能够根据数据反馈优化策略，提升投放效果

(10.1) 认识 SEM

虽然 SEO 有许多优点，如成本低、效果好，但是它的缺点也很明显，如需要很长时间才能看到成效。而商机却是瞬息万变的，要想快速增加网站的流量，就需要借助 SEM 的力量。

扫一扫

微课视频

10.1.1 SEM 的定义与特点

SEM 是指利用搜索引擎的技术和平台，通过付费或者优化的方式，优化网站或者网页在搜索结果中的排名和展现，从而吸引更多的目标用户，实现网站的营销推广。SEM 追求最高的性价比，以最小的投入获得最大的来自搜索引擎的访问量，并产生商业价值。

SEM 与其他网络营销方法相比，具有一定的特点。只有充分地了解这些特点，才能够有效地利用搜索引擎来进行网络营销和推广。

- **见效快、效果好**｜SEM 可以根据不同的关键词、地域、时间、设备等因素，精准地定位目标用户，展示相关的广告或者网页，从而提高点击率和转化率。SEM 也可以根据数据反馈，及时调整策略和投放，优化效果和成本。
- **管理灵活、评估准确**｜SEM 可以通过专业的工具和平台，方便地管理和监控广告或者网页的投放情况，实时查看流量、点击、转化等指标，评估投放效果和投资回报。SEM 也可以通过设置预算、竞价、出价等参数，控制投放范围和成本。
- **适应性强、竞争力高**｜SEM 可以根据不同的行业、市场、产品、用户等特点，制定不同的关键词策略和内容策略，满足不同的营销目标和需求。SEM 也可以通过不断地测试和优化，提高关键词的质量和相关性，提高广告或者网页在搜索结果中的排名，增强竞争力。

10.1.2 SEM 的基本步骤

一个成功的 SEM 需要一个清晰、合理的策略，并且必须按照正确的步骤和流程稳步推进。只有这样，我们才能实现更好的营销效果，从而获取更高的回报。否则，即使我们投入大量人力、物力、资金等成本，也难以获得良好的投资回报。

1．确定营销目标

对于 SEM 而言，首先需要明确的是营销目标，明确企业想要实现的业务目标和推广目标，这样才能有针对性地制定 SEM 方案。然后，根据企业的需求，制定增加网站流量、提高转化率、增加销售额等具体的营销目标。

2．市场调查分析

在明确营销目标后，了解目标用户的需求、购买偏好、互联网使用行为等信息，进行市场调查分析，帮助企业找出适合的推广渠道和关键词。市场调研不仅可以为 SEM 方案的制定提供市场信息依据，还可以根据市场信息的反馈，对 SEM 方案进行必要的调整。

3．制定营销方案

首先应基于营销目标，结合市场调查的数据，根据费用、时间、资源等因素，制定可行的营销方案，并预估效果。然后结合历史数据，为营销方案设置合理的效果指标，如总体访

问量、平均点击费用、转化量、转化成本、平均访问停留时长等。

4．方案实施及监测

在确定好营销方案后，需要进行方案的实施及监测，并通过各种工具来跟踪和监测搜索引擎的搜索结果和关键词的排名等因素。方案的实施和监测需要持续跟进、调整，只有不断地进行优化才能获得最好的效果。

5．数据分析与优化

每周、每月、每季度对数据进行汇总，生成报告，然后进行趋势和效果的数据分析，并与效果指标进行比对，指出取得的成绩与不足。

基于历史数据、投放数据、效果数据等更新自己对市场认识的分析，有步骤地对关键词、创意、网站架构及具体内容等进行调整，以达到或超越之前制定的标准。

如果实际情况与预估效果差异过大，则需要回到第一步"确定营销目标"，重新调整整体营销方案。

10.1.3　SEM 与 SEO 的联系与区别

SEO 指的是通过一系列的技术手段和策略，优化网站结构、内容、代码等，以提高网站在搜索引擎中的排名（即非广告栏目），从而获取更多的免费流量和更高的转化率。

相比之下，SEM 包括的范围更广泛，除 SEO 外，还包括搜索推广、社交媒体广告、电子邮件营销等多种网络推广手段。在 SEM 中，广告主通过投入一定的资金来进行推广，希望获得更多的曝光和流量，增加产品的销售机会。

由此可以看出，SEO 是一种自然、有机的推广方式，而 SEM 则更多地依赖于付费推广。但实际上，它们之间存在一定的联系和互动。例如，通过 SEO 可以提高网站的质量和相关性，从而可以增加 SEM 广告的展示机会。反之，通过网站的 SEM 数据也可以为 SEO 策略的制定提供有价值的信息和指导。

10.1.4　SEM 的服务方式

SEM 的服务方式主要包括以下 5 种。

- **搜索推广** | 搜索推广是最常见的 SEM 方式，通过选择针对性强的关键词，然后在搜索引擎上投放广告，当用户使用这些关键词进行搜索时，就会看到投放的广告，从而吸引他们访问网站。
- **搜索引擎优化** | 这种方式通过优化网站内容，使其在搜索引擎中排名更高，并更容易被潜在用户找到和访问。这种方式不需要支付任何费用，但需要对网站的技术细节和内容进行深入的研究和调整。
- **媒体购买** | 媒体购买通常是指在网络媒体上购买广告，如横幅广告、视频广告等。这种方式一般针对大规模的网络推广活动，需要资金的支持。
- **联盟营销** | 联盟营销是指与其他网站或在线广告平台合作，共同开展推广活动，包括交换广告、品牌推广等形式。这种方式可以使产品和业务更快地扩大知名度，同时减少推广投入。

- **社交媒体广告**｜社交媒体广告是利用社交媒体平台（如微博、微信、抖音等）发布广告的网络营销方式。社交媒体广告的优点是可以利用社交媒体的大量用户和强大的传播力，提高品牌知名度，缺点是需要投入较多的人力和物力，且需要与社交媒体平台的规则和用户需求相适应。

10.2　搜索推广

搜索推广又称搜索竞价排名推广或竞价广告，是企业向搜索引擎购买相关产品或服务的关键词，在搜索结果页面中展示广告的一种高效的营销方式。区别于自然搜索结果，搜索推广在末尾会标注"广告"两个字，如图 10-1 所示。搜索推广通常按点击付费，即只有当广告被点击时才需要付费，可以让企业更好地掌控营销预算。

图 10-1｜搜索推广

10.2.1　搜索推广的特点

搜索推广是网络营销体系中不可或缺的一部分，其四大特点让它成为企业实现精准定向投放和获取高效转化的首选方式。

- **见效快**｜相比 SEO 的漫长等待，搜索推广能够迅速见到广告效果，为网站带来更多有意向的流量。
- **效果好**｜通过关键词实现精准定向投放，使得用户轻松找到所需要的产品或服务，有效提高转化率。
- **管理灵活**｜后台管理功能强大，可以随时调整投放策略和广告的内容，让广告始终保持在最佳状态。
- **评估精确**｜数据追踪技术先进，每一个细节都有详细的统计数据和图表，SEO 人员能够全面了解广告项目的效果并做出精准决策。

10.2.2　搜索推广的排名原理

搜索推广的排名主要受关键词出价和质量度等因素的影响。

1．关键词出价

关键词出价是指广告主愿意为广告被点击一次所支付的最高价格。在广告主对某个关键词进行出价后，搜索引擎将按照出价高低来决定广告的展示位置。关键词出价越高，广告展示的位置就会越靠前，用户也就更容易看到这些广告。

2．质量度

质量度是指广告和相关着陆页的质量，是搜索引擎根据广告与目标用户的匹配度、广告的可信度等多种因素给出的一个评估得分，分值越高表示广告的质量越好。质量度对排名的影响非常大，较高的质量度也可能使出价低的广告排在出价高的广告之前。影响质量度的因素主要有以下几个。

- **点击率**｜点击率是广告点击量占广告展现量的比例，点击率高则表示广告更受用户的关注和认可，是影响广告质量度的最重要因素。
- **相关性**｜相关性是指广告与目标受众的匹配程度。如果广告与目标受众的兴趣爱好、地理位置等方面高度匹配，那么广告的相关性就会更高，受众也更容易被吸引。
- **落地页体验**｜优秀的落地页能够给用户带来更好的体验，从而提高转化率。反之，如果页面设计糟糕、内容单一、加载缓慢，用户就会失去兴趣，从而影响广告效果。
- **账户历史表现**｜如果广告账户曾经出现过添加违规内容、设置禁用词等违规行为且被处罚，就会对广告的质量度造成负面影响。

10.2.3　搜索推广的付费方式

在搜索引擎广告平台上，有多种付费方式供广告主选择。这些付费方式各有优劣，广告主需要根据自身的需求和预算进行综合考量。

1．按点击付费

按点击付费（Cost Per Click，CPC）是指按照广告被点击的次数进行付费。当用户点击广告后，平台就会按照点击付费公式进行计费。平台会判断是否存在恶意点击或无效点击，恶意点击或无效点击不会计费。这种计费方式的优点是可以精准地控制广告投放的成本，并且可以根据点击率来调整广告的投放策略。

2．按展现付费

按展现付费（Cost Per Mille，CPM）是指按照每千次展示的次数进行计费。这种方式的优点是可以大量地展示广告，提高品牌知名度和曝光率，缺点是无法保证用户是否真正看到了广告，因此需要通过定位和优化广告内容来提高曝光率和点击率。

3．按转化付费

按转化付费（Cost Per Action，CPA）是指当用户完成特定的行为时才会进行计费，如注册、购买等。这种方式的优点是可以保证广告投放的效果。

4．按时间付费

按时间付费（Cost Per Time，CPT）是指按固定时间周期进行计费，一般以月为单位。这种方式的优点是可以提高广告投放的稳定性和可控性。国内主流广告平台都支持按时间付费，如百度的品牌专区、品牌起跑线、品牌华表等。

5．按成交付费

按成交付费（Cost Per Sales，CPS）是指按照实际的销量进行计费。这种计费方式更适合购物类 App，需要配合精确的销量数据进行统计和计算。这种方式的优点是可以保证广告投放的效果。

10.3　搭建搜索推广账户

在进行搜索推广时，账户结构的优化是至关重要的。SEO 人员在优化账户结构时，要确保其清晰易懂，以便于管理和调整。同时，细致的账户结构也有助于提高广告的质量得分，从而提高广告的展示率和转化率。

10.3.1　认识搜索推广的账户结构

尽管不同的搜索推广平台可能会有不同的结构和命名方式，但通常情况下，搜索推广的账户可以分为 4 个层级，包括账户、推广计划、推广单元和创意，一个账户里可以有多个推广计划，一个推广计划里可以有多个推广单元，一个推广单元可以有多个创意，其结构如图 10-2 所示。

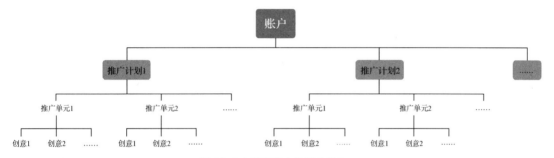

图 10-2｜搜索推广的账户结构

账户结构中不同层级具有不同的功能和作用。

- **账户**｜对推广计划进行管理，可以设置账户推广预算、推广地域等。
- **推广计划**｜对推广单元进行管理，可以设置推广地域、每日预算、创意展现方式、投放时段、否定关键词等。
- **推广单元**｜管理单元内的关键词与创意，可以设置出价、否定关键词等。
- **创意**｜对广告的具体内容进行管理，可以设置广告的标题、描述、落地页和创意素材等内容。

10.3.2　注册百度营销账户

要使用百度搜索推广，需要先注册百度营销账户。注册百度营销账户的流程包括开户资料准备、注册申请、信息审核。

- **开户资料准备**｜SEO 人员在开通推广账户前，需要准备好开户所需的各种资料。不同平台需要的资料不同，一般来说，企业营业执照、网站 ICP 备案及行业相关资质等都需要准备。
- **注册申请**｜注册申请是账户创建的第一步。以注册百度营销账户为例，其注册流程十分简单，只需要在线填写申请表格并提交相关信息。
- **信息审核**｜注册申请成功后，百度推广平台会对企业营业执照、网站 ICP 备案、从业资质、公司所在地、联系人信息及网站内容等进行审核，反馈审核结果一般需要

3 个工作日。若审核通过，则需向账户充值以作为推广预算，随后便可以进行广告投放。

10.3.3 账户设置

高效的营销账户设置需要建立在合理的账户结构与灵活运用各功能模块的基础上。账户设置主要包括地域设置、预算设置等。

1．地域设置

通过地域设置，SEO 人员可以设置账户的默认推广地域范围。如果某推广计划未设置推广地域，则以账户设置为准。也可以为特定推广计划单独设置推广地域，这将使其仅在指定区域投放。例如，若账户设定的推广地域为一线及新一线城市，而重点市场推广计划仅设置了北京和天津，则重点市场将只在北京和天津投放，而其他没有设置推广地域的推广计划将在所有一线及新一线城市投放。

拓展案例

地域设置

下面通过百度营销账户进行地域设置，具体操作如下。

（1）注册并登录百度营销账户，在主页面中单击"搜索推广"栏中的 进入 按钮，如图 10-3 所示。

（2）在首页左侧选择"设置"栏下的"账户设置"选项，然后在右侧的"账户信息"栏中单击"地域"选项对应的"修改"超链接，如图 10-4 所示。

扫一扫

微课视频

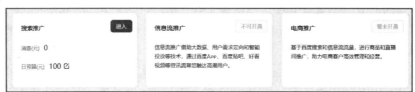

图 10-3 | 百度营销后台的主页面

图 10-4 | 单击"地域"选项对应的"修改"超链接

（3）在打开的页面中单击选中要进行推广的地域左侧的复选框，然后单击 确定 按钮，完成账户的地域设置，如图 10-5 所示。

图 10-5 | 地域设置

2. 预算设置

SEO 人员通过预算设置可以为账户和推广计划设置预算。当某个推广计划产生的广告费用超出了该推广计划的预算，则该推广计划停止投放；当所有推广计划总的广告费用超出账户的预算，则所有推广计划都停止投放。当然也可以不限制预算，这样就不会因预算不足而终止广告投放。

拓展案例

预算设置

下面在百度营销账户中进行预算设置，具体操作如下。

（1）选择"设置"栏下的"账户设置"选项，然后在右侧的"账户信息"栏中单击"预算"选项对应的"修改"超链接。

（2）在打开的页面中单击 自定义 按钮，然后设置每日的预算金额，再单击 确定 按钮完成账户的预算设置，如图 10-6 所示。

扫一扫

微课视频

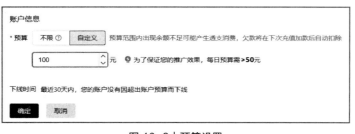

图 10-6 | 预算设置

10.3.4 新建计划

要使用百度营销发布搜索广告，需要先在百度营销的搜索推广中新建计划。

拓展案例

新建计划

下面在百度营销账户中新建计划，具体操作如下。

（1）进入"搜索推广"的账户页面，单击左侧的"计划"选项，进入"计划"页面，单击左上角的 新建计划 按钮，如图10-7所示。

（2）打开"营销目标"界面，在其中可以设置营销目标和推广业务，如图10-8所示，设置完成后单击 确定 按钮。

 扫一扫

微课视频

图 10-7 | 单击"新建计划"按钮

图 10-8 | 设置营销目标和推广业务

（3）进入"计划设置"界面，在其中可以进行出价方式、出价、预算、推广地域、推广时段、人群和计划名称的设置，如图10-9所示。设置完成后，单击 保存并新建单元 按钮，保存计划并打开新建单元页面。

图 10-9 | 设置计划

10.3.5 新建单元

在每个计划中可以新建多个单元，除了在保存计划时可以自动新建单元，还可以通过单元列表页面新建单元。

拓展案例

新建单元

下面在百度营销账户中新建单元，具体操作如下。

（1）在账户页面左侧单击"单元"选项，然后单击左上方的 新建单元 按钮，如图 10-10 所示。

图 10-10 | 单击"新建单元"按钮

（2）打开"新建单元"对话框，在"推广计划"下拉列表框中选择要添加单元的推广计划，单击 确定 按钮，如图 10-11 所示。

图 10-11 | 选择推广计划

（3）进入"单元设置"界面，在其中进行单元设置、定向设置、单元名称设置等操作，如图 10-12 所示，设置完毕后单击 保存 按钮。

图 10-12 | 设置单元

10.4 关键词设置

在 SEM 竞价推广中，关键词的设置是非常重要的。只有在用户搜索的关键词与 SEM 竞价推广的关键词相同或相似时，才有可能展示广告，吸引用户关注并获得流量，最终实现转化。

10.4.1 确定核心关键词

企业做竞价推广，一定要先确定核心关键词，只有核心关键词准确，才能精准地定位目标用户。核心关键词需要以企业的产品和服务为核心并抓住用户的搜索习惯及心理。确定核心关键词的方法主要有以下 3 种。

1. 根据企业的推广需求确定

SEO 人员可以根据企业的推广需求确定核心关键词。具体而言，可以围绕企业的营销目标、用户定位和市场环境 3 个方面来筛选。

- **营销目标**｜企业进行竞价推广的目的是什么？是品牌推广，还是销售产品或服务？SEO 人员可以根据企业的营销目标确定几个核心关键词。
- **用户定位**｜根据营销目标确定好目标用户，然后根据目标用户的兴趣点选择核心关键词。例如，如果营销目标是推广一款男性护肤品，那么目标用户就是男性。根据男性的兴趣点，SEO 人员可以选择一些与男性护肤相关的核心关键词，如男士护肤、洁面、保湿等。
- **市场环境**｜SEO 人员还可以关注竞争品牌的公司名称、主营业务名称等，选择一些竞品词作为核心关键词。

2. 根据企业网站确定

基于企业网站确定核心关键词，需要分析企业网站中所提供的各类产品或服务，筛选与企业网站业务紧密相关、转化率高的关键词，作为核心关键词。SEO 人员可以根据企业网站上的产品类别，对应到各类产品的详情页，对页面中的关键词进行分析筛选。

3. 根据推广平台确定

推广平台中都会提供关键词搜索功能，SEO 人员可以使用该功能查看不同关键词的搜索量，然后依据关键词的搜索量和企业的推广预算，选择合适的关键词进行推广。

10.4.2 拓展核心关键词

确定核心关键词后，为了让关键词覆盖更多的潜在用户，SEO 人员需要对核心关键词进行拓展，以获取更多的关键词来满足广告投放需求。

使用推广平台自带的关键词搜索功能，如百度营销的"关键词规划师"，SEO 人员可以很方便地对核心关键词进行拓展。

📽️拓展案例

使用百度营销的"关键词规划师"拓展关键词

下面使用百度营销的"关键词规划师"拓展关键词，具体操作如下。

（1）打开百度营销的"搜索推广"页面，选择"工具中心"选项，在"定向工具"组中单击"关键词规划师"超链接，如图 10-13 所示。

（2）进入"关键词规划师"页面，在"搜索"框中输入关键词，单击 搜索 按钮，"关键词"栏中将列出大量的相关关键词，如图 10-14 所示。

图 10-13 | 单击"关键词规划师"超链接

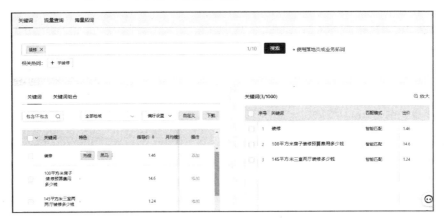

图 10-14 | 搜索并查看关键词

经验之谈

　　除了使用推广平台自带的关键词搜索功能拓展关键词，还可以使用思维导图，搜索引擎的搜索建议、大家还在搜、相关搜索，站长工具网、爱站网中的关键词拓展工具拓展关键词。

10.4.3　关键词的匹配方式

　　匹配方式是关键词和搜索词之间的匹配方式，优化匹配方式可以提升广告的展示效果。目前，关键词的匹配方式主要有以下 3 种。

- **精确匹配**｜只有当用户搜索的关键词与广告关键词完全一致时，广告才会触发展示。这种匹配方式可以带来较高的转化率，因为广告非常精准地匹配了用户的搜索意图。例如，如果广告关键词是"小米 13 Ultra"，只有当用户搜索"小米 13 Ultra"时，广告才会展示。
- **短语匹配**｜当用户搜索的关键词包含广告关键词且顺序相同时，广告才会触发展示。用户搜索的关键词可以包含其他前置或后置词汇。例如，如果广告关键词是"高端手表"，当用户搜索"最好的高端手表"或"高端手表品牌"时，广告也会匹配。
- **智能匹配**｜当用户搜索的关键词与广告关键词相关时，如同义词、近义词、相关词，广告就可能触发展示。这种匹配方式可以带来较大的流量，但可能导致转化率较低。

例如，如果广告关键词是"健康食品"，当用户搜索"有机食品"或"健康饮食"时，广告也会匹配。

10.4.4 在推广计划中添加关键词

添加关键词是竞价推广的一项重要内容，是竞价账户搭建的一个重要环节。下面详细介绍在百度营销中添加关键词的具体操作步骤。

拓展案例

在推广计划中添加关键词

下面在百度营销账户中添加关键词，具体操作如下。

（1）在账户页面左侧单击"定向"栏下的"关键词"选项，单击 新建关键词 按钮，如图 10-15 所示。

（2）打开"新建关键词"界面，在文本框中输入要添加的关键词，单击 搜索 按钮，如图 10-16 所示。

扫一扫

微课视频

图 10-15｜单击"新建关键词"按钮

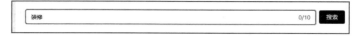

图 10-16｜搜索关键词

（3）"关键词"列表中会列出大量的相关关键词，单击需要添加的关键词后面的"添加"选项，如图 10-17 所示，将其添加至右侧的"关键词"列表中。

图 10-17｜添加关键词至列表

（4）在"添加至"下拉列表框中选择要添加关键词的单元，然后单击 确定添加 按钮，如图 10-18 所示。

图 10-18 | 添加关键词至单元

10.4.5 设置否定关键词

否定关键词类似于短语匹配，当用户搜索的关键词与设置的否定关键词匹配时，不展示广告。否定匹配主要是配合短语匹配和智能匹配一同工作，从所有配置的搜索关键词中剔除不需要的关键词。在百度的搜索推广中，可以为计划或单元添加否定关键词。

拓展案例

在计划中添加否定关键词

下面在百度营销账户中添加否定关键词，具体操作如下。

（1）在账户页面左侧单击"计划"选项，单击要设置否定关键词的计划的"否定关键词"列的"未设置"超链接，如图 10-19 所示。

（2）打开否定关键词设置页面，单击 否定关键词 按钮，如图 10-20 所示。

扫一扫

微课视频

图 10-19 | 单击"未设置"超链接

图 10-20 | 否定关键词设置页面

（3）选择一种否定关键词的匹配方式，如单击选中"精确否定关键词"复选框，然后在打开的列表中输入否定关键词，然后单击 提交 按钮，如图 10-21 所示。

图 10-21 | 添加否定关键词

10.5 创意设置

在搜索推广的实施过程中，SEO 人员可以利用关键词来精准锁定目标用户，并在此基础上通过独具匠心的创意来吸引用户的注意力。别具一格、崭新奇特的推广创意更容易在庞杂的搜索结果中脱颖而出，进而吸引用户点击，促成转化。

拓展案例

设置创意

下面在百度营销账户中设置创意，具体操作如下。

（1）在账户页面左侧单击"创意"栏下的"创意"选项，打开"创意管理"页面，单击左上角的 新建创意 按钮，如图 10-22 所示。

（2）打开"请选择创意的投放范围"页面，在"可选计划单元"栏中单击选中"中秋促销"复选框，如图 10-23 所示，单击 下一步新建创意 按钮。

扫一扫

微课视频

图 10-22 | "创意管理"页面

（3）打开"创意文案"页面，设置创意标题、创意描述等内容，如图 10-24 所示。单击页面下方的 保存当前创意 按钮，保存创意。

图 10-23 | 选择计划单元

图 10-24 | 设置创意文案

（4）返回"创意管理"页面，在其中可以看到创建的创意，如图 10-25 所示。

图 10-25 | 查看创建的创意

10.6 账户数据分析

　　账户数据分析是实现账户调整和优化的直接依据。SEO 人员可以通过多种数据分析方法对账户数据进行分析，从而更好地开展推广工作，提高转化率，进而为企业带来更多收益。

10.6.1 搜索推广效果转化漏斗模型分析法

搜索推广效果转化漏斗模型分为 5 层，从上到下依次为展现量、点击量、访问量、咨询量和订单量，如图 10-26 所示。

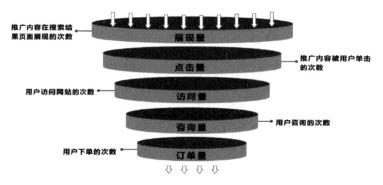

图 10-26｜搜索推广效果转化漏斗模型

搜索推广效果转化漏斗模型对应的关键绩效指标（Key Performance Indicator，KPI）包括点击率、到达率、咨询率和转化率。

- **点击率**｜点击率（点击量÷展现量）反映了关键词质量和创意吸引力，并受关键词排名的影响。
- **到达率**｜到达率（访问量÷点击量）反映了网站打开速度和服务器稳定性。
- **咨询率**｜咨询率（咨询量÷访问量）反映了网站与用户期望的匹配度，包括用户体验、创意相关性等。
- **转化率**｜转化率（订单量÷咨询量）反映了流量的精准性、企业的销售引导能力以及产品是否能够满足用户需求等。

10.6.2 比重分析法

比重分析法是一种归纳分析方法，其过程包括将相同的事物划分成若干组成部分，并计算每一部分在总数中所占的比重。这种分析方法可以帮助 SEO 人员快速了解企业的核心推广业务、主要推广渠道、主要推广地域等信息。图 10-27 所示为某企业的推广地域分析。

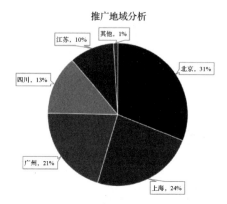

图 10-27｜推广地域分析

10.6.3　四象限分析法

四象限分析法是一种常用的矩阵分析方法，通常使用二维矩阵将一个事物或者问题的两个重要指标进行分类。这种方法可以将数据分成 4 个象限，4 个象限中的数据具有不同的特征和趋势，可以通过对这些数据进行定量和定性的分析来确定相应的策略和措施，如图 10-28 所示。

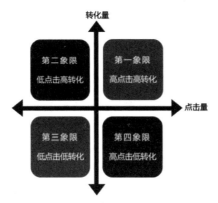

图 10-28 | 四象限分析法

拓展案例

使用四象限分析法分析搜索推广的效果

下面通过 Excel 中的散点图，使用四象限分析法分析账户的关键词报告，具体操作如下。

（1）在推广平台的后台下载关键词报告，并将其中的"关键词""点击量/次""咨询量/人"数据复制到 Excel 中。或者直接打开"关键词报告.xlsx"（配套资源：\素材文件\第 10 章\关键词报告.xlsx），如图 10-29 所示，然后选择 B2:C21 单元格区域。

扫一扫

微课视频

（2）单击【插入】/【图表】/【推荐的图表】选项，打开"插入图表"对话框，在其中选择"散点图"选项，单击 确定 按钮，如图 10-30 所示。

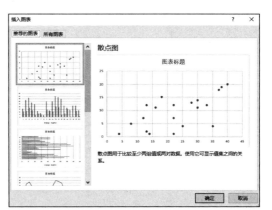

图 10-29 | 选择 B2:C21 单元格区域　　　　图 10-30 | 选择"散点图"选项

（3）将图表标题修改为"关键词四象限分析图"，然后单击"图表元素"按钮 ➕，在打开的面板中单击选中"数据标签"复选框，取消选中"网络线"复选框，如图 10-31 所示。

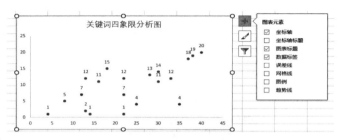

图 10-31｜显示数据标签并隐藏网格线

（4）选择数据标签并单击鼠标右键，在弹出的快捷菜单中选择"设置数据标签格式"命令，打开"设置数据标签格式"窗格，取消选中"Y 值"复选框，单击选中"单元格中的值"复选框，打开"数据标签区域"对话框，拖曳鼠标选择 A2:A21 单元格区域，然后单击 确定 按钮，如图 10-32 所示。

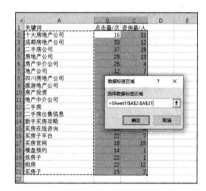

图 10-32｜设置数据标签格式

（5）选择横坐标轴，在"设置坐标轴格式"窗格中设置"边界"的"最大值"为"40.0"，"纵坐标轴交叉"的"坐标轴值"为"20"，如图 10-33 所示。

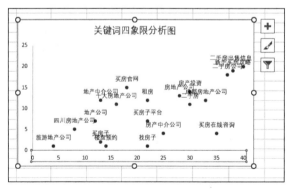

图 10-33｜设置横坐标轴格式

（6）选择纵坐标轴，在"设置坐标轴格式"窗格中设置"边界"的"最大值"为"20.0"，"横坐标轴交叉"的"坐标轴值"为"10"，如图 10-34 所示。

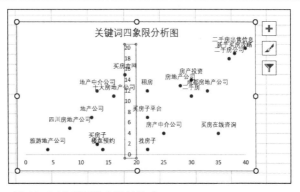

图 10-34｜设置纵坐标轴格式

（7）将图表的高度和宽度分别设置为"15厘米"和"20厘米"，放大图表使数据标签彼此分开，然后通过鼠标拖曳的方式调整重叠的数据标签的位置，使其不重叠，完成后的关键词四象限分析图如图 10-35 所示（配套资源：\效果文件\第 10 章\关键词四象限分析图.xlsx）。

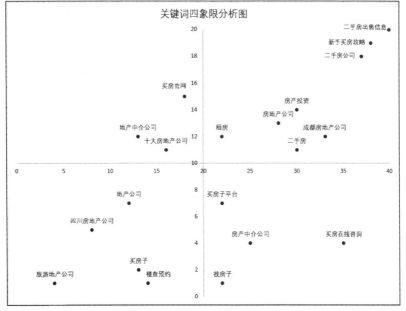

图 10-35｜关键词四象限分析图

10.6.4　趋势分析法

趋势分析法通过对数据连续的相同指标或比率进行定基对比或环比对比，找到数据的变动方向、数额及幅度，从而把握市场趋势的发展方向。掌握市场发展趋势对于制定广告策略和调整营销方案非常有帮助，因为不同时间段市场趋势的变化对应着不同的市场需求和用户行为。SEO 人员可以通过百度指数、百度统计等工具或平台获取所需数据。如通过百度指数搜索关键词"办公用品"近 30 天的搜索指数变化趋势，如图 10-36 所示。

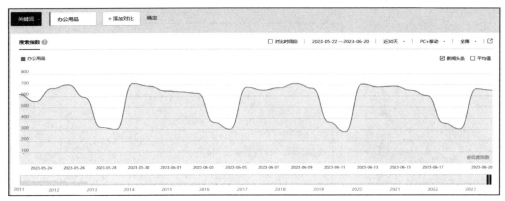

图 10-36 ｜ "办公用品" 关键词搜索指数

10.7 本章实训

10.7.1 实训背景

"茶道家"是一家专注于高品质茶叶销售的公司，致力于让更多的人通过品茶领略生活的美好。茶道家为配合春季新品上市，决定推出"春茶新品季"促销活动。为快速吸引潜在客户，茶道家计划在端午节开展一轮优惠促销活动，并希望通过百度搜索推广发布活动广告，提高品牌知名度，增加产品销售额。

- 熟练掌握搜索推广的基本原理、账户操作，能够根据实际的推广需要合理分配资源，实现广告预算的效益最大化。
- 培养良好的创意思维与写作能力，能够撰写出具有吸引力的创意文案，实现预期的广告效果。
- 具备良好的沟通与协作能力，能够充分协调企业内外部资源，灵活应对市场变化和竞争，及时调整广告投放策略。

10.7.2 实训要求

（1）制订合理的百度搜索推广计划，包括选择合适的关键词、编写优质的广告文案等。

（2）设置投放地域、时间和预算，以控制推广成本，同时提高转化率和投资回报率。

10.7.3 实训步骤

1．选择关键词

（1）进入百度营销的"关键词规划师"页面，输入与"茶叶"相关的词汇，如"高端茶叶""新茶""茶叶品牌""雨前茶"等，获取这些关键词及其相关关键词的月均搜索量、竞争度、指导价等数据。

（2）根据数据筛选出月均搜索量较高、竞争度适中、与端午节活动有关的关键词作为广告的关键词，并将筛选的关键词按照主题和性质分组。

（3）根据实际情况设定关键词出价，控制推广成本。对于竞争度高的关键词，可以适当提高出价以获得更好的曝光和转化率。最终选择的关键词如表 10-1 所示。

表 10-1 | 选择的关键词

关键词	月均搜索量	竞争度	指导价／元	出价／元
定制	14 464	高	0.46	0.5
私人定制	12 619	低	0.32	0.32
公司定制礼品供应商	3 909	高	0.88	0.9
公司礼品定制	1 753	高	1.22	1.5
个性化定制	1 195	低	0.42	0.42
端午节礼物	199	高	1.24	1.5
……				

2．编写广告文案

编写广告文案，突出端午节优惠、春茶新品季等关键信息。编写的广告文案如下。

味道鲜美，茶香四溢！茶道家春茶新品季，端午节优惠促销，快来选购你喜爱的茶叶吧！
端午佳节，茶道家为你送上最好的礼物——春茶新品！现在购买即可享受超值优惠！
一杯香醇的茶，带你领略生活的美好！
春天来了，茶道家推出春茶新品季，各种绿茶、红茶、乌龙茶任您选择！
选购茶叶，就来茶道家！端午节大促销，品味自然之香，享受养生之道。
茶道家，春茶新品季，端午节优惠促销，赶紧来选购你心仪的茶叶吧！
端午节买茶送好礼，茶道家送您最纯正的茶香和健康！
春回大地，芳香四溢。端午节来茶道家，选择丰富，品质可靠，满足你对美好生活的追求！

3．设置投放地域

根据目标受众和竞争情况，选择合适的投放地域。最终选择的投放地域如表 10-2 所示。

表 10-2 | 投放地域

投放地域	出价／倍
一线城市	1.5
新一线城市	1.2
二线城市	1
其他	0.8

4．设置投放时间

根据端午节活动的时间节点和目标受众的上网习惯，设置合理的投放时间。2023 年端午节为 2023 年 6 月 22 日，整个广告投放时间为 6 月 17 日—6 月 24 日，共 8 天。具体的投放时间及出价如表 10-3 所示。

表 10-3 | 投放时间及出价

日期	出价／倍			
	0 时—6 时	7 时—12 时	13 时—18 时	19 时—24 时
6 月 17 日（周末）	0.5	1	1.2	1.5
6 月 18 日（周末）	0.5	1	1.2	1.5

续表

日期	出价 / 倍			
	0时—6时	7时—12时	13时—18时	19时—24时
6月19日	0.5	1	1.2	1.5
6月20日	0.5	1	1.2	1.5
6月21日	0.8	1.2	1.5	2
6月22日（端午节）	1	1.5	2	2
6月23日（放假）	0.5	1	1.2	1.5
6月24日（放假）	0.5	1	1	1

5．设置投放预算

设置合理的投放预算，控制整体的推广成本，如表10-4所示。

表 10-4｜投放预算

日期	每日预算 / 元
6月17日—6月18日	2 000
6月19日—6月21日	5 000
6月22日	8 000
6月23日—6月24日	2 000

职业素养

SEO人员应具备数据分析和决策能力，能够根据数据反馈及时调整决策，并运用数据思维来解决问题。

10.8 课后练习

一、填空题

1. SEM 是指利用搜索引擎的技术和平台，通过_____或者_____的方式，提高网站或者网页在搜索结果中的_____和_____，从而吸引更多的_____，实现网站的_____。

2. 搜索推广的特点包括_____、_____、_____和_____。

3. 搜索推广常见的付费方式包括_____、_____、_____、_____和_____。

二、单项选择题

1. SEM 的服务方式不包括（　　）。

　A. 搜索推广　　　　　　　　　　B. 搜索引擎优化

　C. 社交媒体广告　　　　　　　　D. 楼宇广告

2. 在搜索推广中如果要限制所有广告每天的总费用，应该在（　　）里设置预算。

　A. 搜索推广账户　B. 计划　　　C. 单元　　　D. 创意

三、判断题

1. 在竞价排名中，广告的质量度非常重要，较高的质量度也可能使出价低的广告排在出价高的广告之前。 （ ）
2. 在搜索推广中设置推广地域时可以为不同的地区设置不同的出价系数。 （ ）
3. 在搜索推广中设置推广时段时可以为不同的时段设置不同的出价系数。 （ ）
4. 在搜索推广中可以单独为每个创意设置出价。 （ ）

四、简答题

1. 简述 SEM 的基本步骤。
2. 简述注册百度营销账户的流程。
3. 简述搜索推广的排名原理。

五、操作题

"爱迪尔"是一家专注于个性化创意定制产品的电商平台，产品包括 T 恤、帽子、杯子、手机壳等。爱迪尔的口号是"让您的生活充满个性!"，致力于为用户提供高品质、创意十足的特色定制产品。爱迪尔计划在开学季开展一场优惠活动，并希望通过搜索推广发布活动广告，提高品牌知名度，增加产品销售额。请为爱迪尔制定一个搜索推广营销方案。

第11章 数据监测与分析

本章导读

使用 SEO 工具可以收集网站中的各种数据,通过这些数据可以判断网站运营推广是否良好。正如医生需要通过病人的症状来判断病情一样,SEO 人员也需要通过监测与分析数据来判断网站已经存在的问题、可能出现的问题,进而及时应对,以实现网站的良好运营与推广。

学习目标

| 掌握监测与分析网站流量的方法

| 掌握监测与分析用户访问数据的方法

| 掌握分析网站日志的方法

| 掌握统计与分析关键词排名的方法

| 能够使用百度统计监测与分析网站流量和用户访问数据

| 能够使用爱站工具包分析网站日志

| 提高解决实际问题的能力,能够直面 SEO 数据监测和分析过程中的各种问题,并高效解决问题

| 培养团队合作精神,能够与跨部门的团队成员进行协作

 **11.1** 监测与分析网站流量

通过对网站的流量数据进行监测与分析，可以了解网站 SEO 的效果，判断是否达到预期目标，并有针对性地改进网站优化方案。

扫一扫

微课视频

11.1.1 三大流量来源

网站的流量来源是衡量其知名度和受欢迎程度的重要指标。一般来说，网站的流量来源主要包括直接访问来源、搜索引擎来源和外部链接来源 3 种。

- **直接访问来源** | 直接访问来源是指用户直接在浏览器中输入网址或通过单击浏览器收藏夹中的网址来进行访问。这种方式反映了网站的知名度，因为用户知道网站的名字并且主动输入了网址或者已经将其添加到了收藏夹中。
- **搜索引擎来源** | 搜索引擎来源是指用户通过单击搜索引擎的搜索结果页面来进行访问。这种方式反映了网站 SEO 的水平，因为搜索引擎排名越高，用户就越容易找到网站并且进行访问。
- **外部链接来源** | 外部链接来源是指用户通过单击其他网站中的外部链接来进行访问。这种方式反映了网站受欢迎的程度以及网站外部推广工作的成效，因为其他网站愿意将该网站的链接放在自己的网站上，说明它们认为该网站有价值。

通过百度统计"来源分析"下的"全部来源"报表可以查看网站三大流量来源的比例和趋势图，如图 11-1 所示。

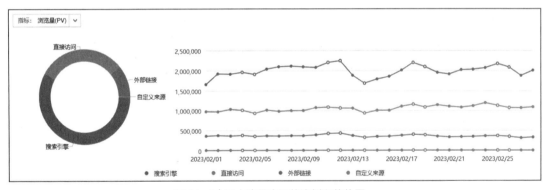

图 11-1｜三大流量来源的比例和趋势图

这三大流量来源虽然有所差异，但在比例上应该保持稳定。通常情况下，直接访问来源应占比 20%左右，搜索引擎来源应占比 60%～65%，外部链接来源应占比 15%～20%。如果搜索引擎来源的流量过低，则说明网站的 SEO 效果还有待提高；如果外部链接来源的流量过低，则说明网站的外部链接建设还有待加强。

11.1.2 监测与分析浏览量和访客数

浏览量（Page View，PV）和访客数（Unique Visitor，UV）是分析网站运营效果的重要指标。正确地监测和分析这两个指标对企业的数据分析有非常重要的指导作用。

1. PV 和 UV 的含义

PV 是指网站被浏览的总页面数。每当用户访问网站中的一个页面时，PV 值就会加 1。因此，PV 是一个反映网站流量的重要指标，也是用来衡量网站广告价值和用户关注度的重要标准。

UV 是指通过互联网访问、浏览该网站的网页的总人数。每个访客只会被计算一次，无论他访问了多少个页面。如果一个用户在一天内多次访问了同一个页面，也只会被计算为 1 个 UV。因此，UV 可以准确地反映有多少用户访问了相应的页面。

2. 监测 PV、UV 数据

通过百度统计的"趋势分析"报表可以查看网站的 PV、UV 数据和趋势。图 11-2 所示为通过百度统计得到的某网站的 PV、UV 数据和趋势图，通过该图可以分析出以下内容。

- 该网站的 PV 值大约是 UV 值的 2.19 倍（98 886 671 ÷ 45 062 288 ≈ 2.19），也就是说，平均每个用户访问 2.19 个页面，说明网站内容对用户的吸引力还有待加强。
- 网站的 PV 值以 7 天为周期，分为 4 段有规律地组成了波浪起伏的周期曲线，并且在周末流量较大（连续的两个空心点），说明用户更喜欢在周末访问该网站。

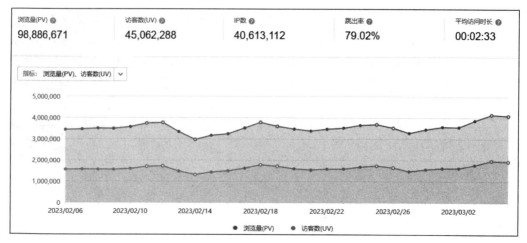

图 11-2 | PV、UV 数据和趋势图

3. 了解 PV-UV 联动变化图

网站的 PV 与 UV 趋势变化并不一定是相同的，SEO 人员可以根据 PV-UV 联动变化图，了解网站运营情况，并制定改进方案。图 11-3 所示为 PV-UV 联动变化图，根据 PV-UV 的不同变化可以得出以下结论。

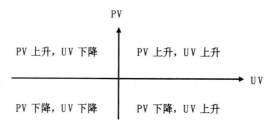

图 11-3 | PV-UV 联动变化图

（2）精心设计网站的内容。

（3）设计合理的导航，添加适当的内部链接锚文本。

（4）提高产品的质量。

11.1.5 平均访问时长

平均访问时长指所有用户在一次浏览网站的过程中所花费的平均时间。通过百度统计的"趋势分析"报表可以得到网站平均访问时长的趋势图，如图 11-7 所示。从图中可以看出，网站的平均访问时长以 7 天为周期成波浪起伏状，并且在周末最低，说明用户更喜欢在工作日访问该网站。网站的平均访问时长整体呈下降趋势，如前两周工作日的平均访问时长明显大于 2 分 30 秒，而后两周工作日的平均访问时长只在 2 分 30 秒左右，说明用户对网站的兴趣有所下降。

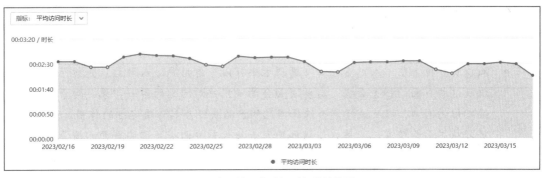

图 11-7 | 网站平均访问时长的趋势图

平均访问时长越长并不一定就越好，这要分情况而定，如新闻咨讯或者网上社区类网站的平均访问时长就越长越好。这意味着用户在这些网站中可以找到有价值的信息，在社区类网站中可能还会进行互动，停留的时间会更长。而对于购物类网站来说，访问时间过长则有可能是因为用户找不到目标信息，SEO 人员需要对网站进行优化，让用户尽快找到购物目标，从而实现转化。

11.2 监测与分析用户访问数据

用户访问情况包括受访页面、入口页面和页面点击图等数据，通过这些数据可以对用户访问网站的具体情况进行分析。

扫一扫

微课视频

11.2.1 受访页面

受访页面指在一定时间段内被实际访问到的页面。通过百度统计的"受访页面"报表可以分析出最受用户欢迎的网页，如图 11-8 所示。

在页面中可以获得以下信息。

- **指标概览** | 在"指标概览"选项卡中可以查看网站每个页面的浏览量、访客数、贡献下游浏览量、退出页次数，以及平均停留时长等数据。

指标概览	页面价值分析	入口页分析	退出页分析			

浏览量(PV)	访客数(UV)	贡献下游浏览量	退出页次数	平均停留时长
1,173,698	971,561	234,539	749,408	00:01:28

自定义指标

页面URL		网站基础指标		流量质量指标		
		浏览量(PV) ↓	访客数(UV)	贡献下游浏览量	退出页次数	平均停留时长
1	https://demo.tongji___.com/sc-web/home/user/info	77,035	63,272	5,175	67,011	00:01:40
2	https://demo.tongji___.com/sc-web/home/js/install	45,940	38,793	4,743	38,024	00:01:31
3	https://demo.tongji___.com/web/visit/attribute	30,721	25,908	7,034	19,975	00:01:00
4	https://demo.tongji___.com/analytics/conversion/overview	22,437	18,542	289	20,323	00:01:38
5	https://demo.tongji___.com/sc-home/home/subdir/create	17,913	14,636	8,195	6,953	00:00:29

图 11-8 | 受访页面分析

- **页面价值分析** | 在"页面价值分析"选项卡中可以查看用户进入网站后比较关注的页面，以及这些页面的相关数据。SEO 人员可以据此了解用户所关注的网站内容，并根据这些内容及时地更新或调整页面信息与布局，以尽快促进用户转化为客户。
- **入口页分析** | 在"入口页分析"选项卡中可以查看用户进入网站后先访问的页面，以及这些页面的相关数据。这些页面会影响用户对网站的第一印象，对于用户是否继续访问网站，以及最终是否选择网站的产品或服务起着决定性的作用。SEO 人员可以从界面美观度、操作方便性和内容专业性等方面提高这些页面的质量，以促使用户对网站继续关注。
- **退出页分析** | 在"退出页分析"选项卡中可以查看用户退出网站的页面，以及这些页面的相关数据。除了一些特殊页面（如结账完成、注册完成等页面）的退出率高是正常现象外，其他页面的退出率高，说明这些页面可能存在问题，如页面打开速度慢或者页面显示出错等。对于退出率高的页面，SEO 人员需要及时明确原因，以免丢失可能的商机。

11.2.2 入口页面

入口页面是用户访问网站的第一个页面。通过百度统计的"入口页面"报表可以得到网站中各个入口页面的具体数据，如图 11-9 所示。

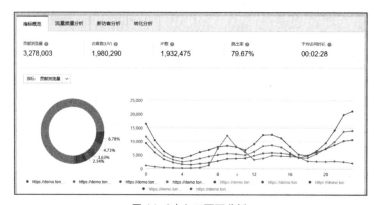

图 11-9 | 入口页面分析

在入口页面中可以获得以下信息。

- **指标概览**｜"指标概览"选项卡以图表的形式展示了每个入口页面所贡献浏览量的比例及趋势。
- **流量质量分析**｜在"流量质量分析"选项卡中可以查看每个入口页面的访问次数、访客数、跳出率、平均访问时长、平均访问页面数和贡献浏览量等数据。
- **新访客分析**｜在"新访客分析"选项卡中可以查看每个入口页面的新访客数和新访客所占的比例。
- **转化分析**｜在"转化分析"选项卡中可以查看每个入口页面的转化次数和转化率等数据。

▌11.2.3 页面点击图

页面点击图可以统计用户在网页中的鼠标点击情况，并以不同的颜色进行展示，如图11-10所示。SEO人员可以通过页面点击图了解用户对网站页面的关注点，并根据点击热度进行页面优化。

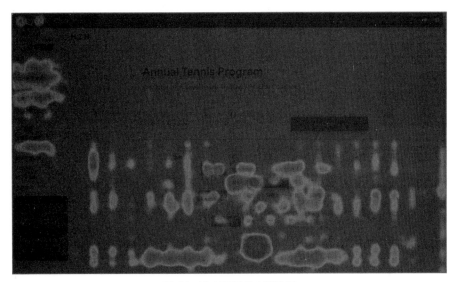

图 11-10｜页面点击图分析

11.3 分析网站日志

网站日志文件是用于记录 Web 服务器接收处理请求和运行时的错误等各种原始信息的文件，其后缀名为.log。网站日志文件是纯文本文件，它保存在服务器的某个文件夹中，在查看分析时，需要将其下载到本地。

网站日志文件中记录的信息非常庞杂，SEO 人员只需查看其中与 SEO 相关的信息，而手动查找相关信息是一件非常麻烦的事情。这时可以使用网站日志分析工具进行分析。这些工具不仅可以自动查找网站日志中的相关信息，还可以自动对信息进行分析和统计，并生成相应的图表。

图 11-11 所示为"爱站工具包"中的日志分析工具，它提供了蜘蛛分析、搜索引擎分析、状态码分析和按时间统计 4 种不同的分析方式。

图 11-11 | "爱站工具包"中的日志分析工具

- **蜘蛛分析** | 对网络蜘蛛的抓取情况进行统计和分析，主要包括概要分析、目录抓取、页面抓取和 IP 排行。概要分析用于对网络蜘蛛的整体访问情况进行统计和分析；目录抓取用于对网络蜘蛛抓取网站目录的情况进行统计和分析；页面抓取用于对网络蜘蛛抓取网站页面的情况进行统计和分析；IP 排行用于对各个不同 IP 的网络蜘蛛（同一搜索引擎会派出多个不同 IP 的网络蜘蛛）进行排名。

- **搜索引擎分析** | 对搜索引擎的相关数据进行分析，其中的"关键词分析"用于分析各搜索引擎是通过哪些关键词来到网站的。

- **状态码分析** | 对状态码进行分析可以第一时间发现网站中有问题的页面，以及时修改，改善用户体验和网络蜘蛛抓取体验。状态码分析包括用户状态码分析和蜘蛛状态码分析。其中，用户状态码分析用于查看和统计用户访问时返回的状态码，蜘蛛状态码分析用于查看网络蜘蛛访问时返回的状态码。

- **按时间统计** | 以天为单位，统计每一天的各项数据。

11.4 统计与分析关键词排名

要统计与分析关键词排名，首先需要使用各种工具查询网站的关键词排名，然后建立关键词排名记录表，并根据表中关键词排名的变化，调整关键词的优化方案。图 11-12 所示为使用爱站网中的"SEO 综合查询"工具查询某装修公司网站得到的关键词排名情况。

关键词	出现频数	2%≤密度≤8%	百度指数	360指数	百度排名	排名变化	预计流量
装修公司	39	3.78%	36,424	835	33,46	-11 ↓	较少 IP
装修	125	6.05%	4,937	4,032	4,34	18 ↑	395～592 IP
室内设计	33	3.19%	2,009	2,071	50名外	-	较少 IP
家装	23	1.11%	1,182	1,185	47	-1 ↓	较少 IP
房子装修	1	0.10%	941	264	16	-2 ↓	较少 IP
装修设计	5	0.48%	814	1,957	1,27	-	733～814 IP
装饰公司	14	1.36%	753	433	29,42,43,44,46,47,48,49,50,51	8 ↑	较少 IP
新房装修	2	0.19%	621	151	12	7 ↑	较少 IP

图 11-12 | 关键词排名情况

每隔一段时间，将查询到的关键词排名数据添加到"关键词排名统计表"中，如表 11-1 所示。经过一段时间的统计，就可以观察到关键词排名的变化。

表 11-1 | 关键词排名统计表

序号	关键词	3月31日百度排名	4月30日百度排名
1	装修公司	22	33
2	装修	22	4
3	室内设计	50 名外	50 名外
4	家装	46	47
5	房子装修	14	16
6	装修设计	1	1
7	装饰公司	37	29
8	新房装修	19	12
9	家装设计	15	20

从该表中可以看出，4 月 30 日时，排名在前 20 的关键有 5 个，其中有 4 个排名不在第 1，下一步可以重点优化这几个关键词，即争取获得更好的排名。

 11.5 本章实训

11.5.1 实训背景

在对网站进行 SEO 优化后，定期监测和分析网站的 SEO 数据是非常重要的。了解网站的 SEO 效果，根据数据调整优化策略，可以提高网站的搜索排名并增加流量。
- 掌握使用百度统计监测与分析网站数据的技能。
- 培养独立思考能力和数据分析能力。

11.5.2 实训要求

（1）在百度统计中查看最近 30 天网站 PV 和 UV 的趋势图。
（2）在百度统计中查看昨天的平均访问页面数和平均访问时长趋势图。
（3）在百度统计中查看最近 7 天老访客的转化率。

11.5.3 实训步骤

（1）进入百度统计网站，单击左侧"流量分析"选项下的"趋势分析"超链接，打开"趋势分析"报表，设置时间为"最近 30 天"和"按日"，设置指标为"浏览量（PV）、访客数（UV）"，查看最近 30 天网站 PV 和 UV 的趋势图，如图 11-13 所示。

扫一扫

微课视频

图 11-13 | 最近 30 天网站 PV 和 UV 的趋势图

（2）设置时间为"昨天"和"按时"，设置指标为"平均访问时长、平均访问页面数"，查看昨天的平均访问页面数和平均访问时长趋势图，如图 11-14 所示。

图 11-14 | 昨天的平均访问页面数和平均访问时长趋势图

（3）设置时间为"最近 7 天"和"按日"，设置访客为"老访客"、指标为"转化率"，查看最近 7 天老访客的转化率，如图 11-15 所示。

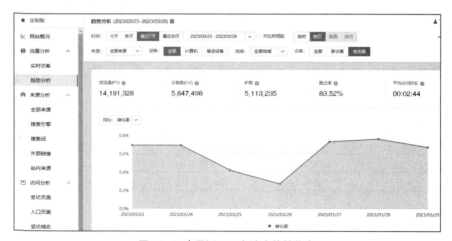

图 11-15 | 最近 7 天老访客的转化率

职业素养

SEO 人员应具备较高的分析能力，能够使用各种工具收集和分析数据，并能根据这些数据制定高效的优化策略，以提高网站的搜索引擎排名，给网站带来更多的流量。

11.6 课后练习

一、填空题

1. 网站的流量来源主要包括_____、_____和_____3 种。

2. PV 是指网站被浏览的_____。UV 是指通过互联网访问、浏览该网站的网页的_____。

3. 受访页面指在一定时间段内被_____的页面。

4. 页面点击图可以统计用户在网页中的_____情况，并以_____进行展示。

5. 入口页面是用户访问网站的_____。

二、单项选择题

1. 下列网站跳出率不正常的是（　　）。

   A. 零售网站为 40%~60%　　　　　B. 门户网站为 10%~30%

   C. 服务型网站为 10%~30%　　　　D. 内容网站为 40%~60%

2. 下列关于平均访问页面数的说法，错误的是（　　）。

   A. 平均访问页面数指用户在一次浏览网站的过程中平均访问的页面数量

   B. 网站的平均访问页面数可以用 UV 除以 PV 得到

   C. 平均访问页面数越高，表明用户对网站的内容越感兴趣

   D. 通过百度统计的"趋势分析"报表可以得到网站平均访问页面数的趋势图

3. 以下（　　）不是网站跳出率过高的主要原因。

   A. 网站内容与用户需求不符　　　B. 访问速度过慢

   C. 网站内容有过多的非原创内容　D. 内容引导较差

4. 下列关于"受访页面"报表的说法，错误的是（　　）。

   A. 在"页面价值分析"选项卡中可以查看为网站中带来实际经济收益的页面

   B. 在"入口页分析"选项卡中可以查看用户进入网站后先访问的页面，以及这些页面的相关数据

   C. 在"退出页分析"选项卡中可以查看用户退出网站的页面，以及这些页面的相关数据

   D. 在"指标概览"选项卡中可以查看网站每个页面的浏览量、访客数、贡献下游浏览量、退出页次数，以及平均停留时长等数据

三、判断题

1. 网站的平均访问时长越长越好。　　　　　　　　　　　　　　　（　　）

2. 通过页面点击图可以了解用户对网站页面的关注点。　　　　　　（　　）

3. 网站日志文件是纯文本文件，它保存在服务器的某个文件夹中，在查看分析时，需要将其下载到本地。　　　　　　　　　　　　　　　　　　　　　（　　）

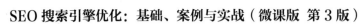

四、简答题

1. 什么是网站跳出率，网站跳出率过高说明了什么情况？

2. 平均访问页面数高说明了什么情况？

3. 什么是网站日志文件，它有什么作用？

五、操作题

1. 监测与分析某个网站的流量数据。

2. 监测与分析某个网站的用户访问数据。